영광에서 영광으로

When Heaven Comes DOWN

copyrigh© 2009 by Ché Ahn
All right reserved.
Published by Chosen Books a division of Baker Publishing Group
P.O. Box 6287, Grand Rapids, MI 49516-6287
All rights reserved.
Korean Translation Copyright © 2009 by Shekinah publications.

이 책의 한국어판 저작권은 쉐키나 출판사에 있습니다.
저작권법에 의해 한국에서 보호받는 저작물이므로 무단전재와 무단복제를 금합니다.

영광에서 영광으로

When Heaven Comes Down

당신의 삶에서
하나님의 영광을
경험하라

채 안 지음 · 김주성 옮김

Shekinah MEDIA

선지자, 중보자, 언약 친구인
루 엥글에게 이 책을 헌정합니다

"하나님의 능력과 임재 안에서 하나님의 말씀으로 사역하려는 체 안의 한결같은 열정이 이 책에 분명히 나타난다. 그는 하나님의 영광에 대한 진리를 정의하면서, 오늘날 우리 모두가 당면하고 있는 개인적 현실과 실제적 리더십의 책임들을 다룬다. 여기 있는 통찰들은 우리의 생각을 교회 사역자의 '겉치레'에서 벗어나, 신약의 핵심적 요소인 '광채'로 이끌어 준다. 그것이 없이는 진정한 '영광의 무게'가 우리의 영혼과 회중 속으로 흘러들어올 수 없다."

● 잭 W. 헤이포드

킹스 칼리지 및 신학교 총장

캘리포니아 주, 밴 누이스, 처치 온 더 웨이 설립 목사

"어떤 사람들은 하나님의 영광이라는 정의하기 어려운 영역을 연구하면서 인격을 전혀 강조하지 않는다. 더욱 심각한 것은, 많은 사람들이 그리스도인으로 살면서도, 하나님의 영광이라는 영역이 존재하지 않는 것처럼 산다는 것이다. 그러나 성령께서는 하나님의 능력과 성령의 열매라는 영역을 함께 다루신다. 체 안은 그의 탁월한 저서 『영광에서 영광으로』에서 이 두 세계를 우리에게 가장 잘 전해 주고 있다. 물이 바다를 덮음같이 여호와의 영광이 온 땅을 덮을 것이다. 체 안을 비롯한 갈급한 신자들의 무리가 늘어나고 있다. 당신도 거기에 동참하기 바란다. 그들은 하나님의 임재, 그리스도의 능력, 그리고 친밀함과 거룩함을 추구해서 오늘날 이 땅에 최대의 영향을 미치려고 한다. 당신도 영광스러운 하늘의 방문을 받을 수 있다!"

● 제임스 W. 골

인카운터스 네트워크

『영광의 왕과 마주치다』, 『주 임재에 사로잡히다』 등 다수 저서의 저자

"당신도 나와 같을지 모른다. 나는 하나님의 영광이라는 말을 늘 사용했다. 그러나 만일 나에게 '하나님의 영광'을 정의해 보라고 했다면, 나는 당황했을 것이다. 그러나 이제는 그렇지 않다! 체 안은 그것에 대해 한 문단 정도가 아니라, 책 한 권을 썼다. 그는 이 책을 통해 장막을 걷어서, 우리가 하나님의 영광을 이해할 뿐만이 아니라, 이 책의 페이지를 넘기며 그것을 경험할 수 있게 도와주고 있다. 이 책은 당신을 하나님과 친밀함 속의 완전히 새로운 영역으로 이끌 것이다."

● C. 피터 와그너

와그너 리더십 연구소 소장

"영광은 우리가 마지막에 들어갈 것만이 아니라, 현재 우리의 상태이어야 한다. 체 안은 지난 20년 동안 영광의 전달자와 안내자였다. 그는 자신의 많은 초자연적 경험을 통해, 이 심오하고 무거운 주제에 쉽게 접근할 수 있게 해준다. 나는 이 책을 읽으며 내 안과 내 주변에서 하나님의 영광을 경험하기를 원하게 되었다. 이 책은 신비의 장막을 걷어 주고, 일상생활 속에 하나님의 영광이 더 많이 나타날 수 있게 해주는 열쇠를 우리 손에 쥐어 준다. 체 안은 현재 하나님의 역사의 사도적 리더 중 한 명이다. 그의 실제적인 스타일과 생생한 삶의 현장의 이야기들은 나도 매일의 여정 중에 그 신성한 영광을 더욱 더 찾아야겠다는 의욕을 고취시켰다."

● 찰스 스톡

펜실베이니아 주, 해리스버그, 라이프 센터 미니스트리 담임 목사
하베스트 인터내셔널 미니스트리, 사도 팀 멤버

"체 안이 대단히 훌륭한 책을 썼다. 이런 책은 일찍이 없었다. 그는 하나님의 영광을 하나님의 올바른 질서, 사도직과 예언자직의 회복과 연결시켰다. 이 책은 우리의 믿음을 세워 주며 하나님의 영광의 임재를 더 추구하도록 우리에게 영감을 준다. 이 책을 읽으며 영감을 얻고, 변화되고, 방향을 재정립하라."

● 대니얼 저스터

예루살렘, 티쿤 인터내셔널 대표

"모세가 수천 년 전에 했던 말이 지금도 모든 신자의 마음에 메아리치고 있다." '주의 영광을 내게 보이소서!' (출 33:18). 당신도 하나님의 영광을 보고, 맛보고, 경험하고 싶지 않은가? 체 안은 이 책에서 우리에게 하나님의 영광을 살짝 보여 준다. 성경과 현재의 예를 통해, 체 안은 이 중요한 주제의 여러 측면을 살펴본다. 그것은 단지 우리가 개인적 경험을 추구하게 하려는 것이 아니라, 하나님의 영광이 도시와 열방을 변화시켜서, 하나님 나라를 확장시키려는 원대한 목적을 위해서이다. 당신이 이 책을 읽을 때, 하나님을 추구함에 대한 통찰과 용기를 얻을 것이다."

● 제인 핸슨 호이트

어글로 인터내셔널, 회장/CEO

차례

감사의 글 · 11

추천사 · 12

서론: 영광이 임함 · 16

1장　영광이란 무엇인가? · 21
2장　영광은 하나님의 나타난 임재이다 · 33
3장　영광은 하나님의 선하심을 계시한다 · 53
4장　영광은 하나님의 부활의 능력이다 · 71
5장　하나님의 영광과 친밀함 · 91
6장　영광을 위해 지어짐 · 107
7장　하나님의 영광과 개인의 거룩함 · 125
8장　하나님의 영광을 더 받으려면 · 143
9장　영광에서 영광으로 · 161
10장　하나님의 영광과 사도직 · 173
11장　하나님의 영광과 변화 · 193
12장　하나님의 영광과 부 · 215
13장　마지막 때의 하나님의 영광 · 235
14장　하나님께 모든 영광 돌리기 · 253

미주 · 269

감사의 글

린다 래드포드와 칼리스타 우에게 온 마음으로 감사하고 싶다. 그들은 이 책을 편집하는 탁월한 일을 해주었다. 그들의 사랑의 수고에 감사한다.

또한 이 책을 맡아 출판해 준 제인 캠벨과 초즌 북스 출판사에 감사하고 싶다. 제인과 함께 일하는 것은 큰 기쁨이었고, 그녀의 섬김의 마음에 대해 감사한다.

나의 가족과 하베스트 락 교회 교인들에게도 감사한다. 그들은 늘 하나님의 임재에 대한 갈급함을 보여 주며, 참으로 하나님의 영광을 위해 산다. 내가 목사로서 그들을 섬기는 것은 큰 영광이다.

마지막으로, HIM(하베스트 인터내셔널 미니스트리)에 속한 전 세계 곳곳의 교회들과 사역들에게 감사한다. 그들이야말로 하박국 2장 14절의 "이는 물이 바다를 덮음같이 여호와의 영광을 인정하는 것이 세상에 가득함이니라"는 말씀 성취의 일부분이다.

추천사

우리 부부는 아주 어릴 때부터 하나님의 영광을 보게 될 것을 각자 꿈꾸었다. 우리는 하나님의 영광이 나타난 것을 보려는 꿈이 실현되리라는 희망을 찾아, 갈급한 마음으로 성경을 읽었다. 그리고 우리가 더 성숙할수록 우리 삶 속에 하나님의 영광이 나타나는 것을 보려는 갈망이 커졌다. 우리는 삶의 목적이 단지 하나님의 영광을 보는 것이 아니라, 우리의 모든 행동으로 하나님을 영화롭게 하는 것임을 깨달았다. 우리는 그중의 어느 부분도 놓치지 않고 싶었다.

결국 우리는 하나님의 영광이 하나님 나라의 모든 것에 포함된다는 것을 알게 되었다. 하나님 나라의 모든 것은 하나님의 영광의 빛을 반짝인다. 하나님의 모든 역사, 성령에 의한 우리의 모든 반응이 하나님의 영광을 반영한다. 하나님의 생명으로부터 하나님의 영광이 빛나서 모든 피조물에 스며든다. 하나님과 우리의 관계가 이뤄진 것은 하나님의 성취의 절정이다. 그 관계 속에 실현될 영광의 깊이를 다루려면 온 세상의 책도 모자랄 것이다.

이제 체 안이 우리로 하여금 하나님의 영광을 인식할 뿐 아니라, 추구하게 해주는 책을 썼다. 그는 이 주제의 여러 측면을 연구해, 우리가 하나님의 영광을 추구하는 데 필요한 모든 것을 이 책에 담았다. 우리도 이 책을 더 젊었을 때 읽었으면 좋았겠다고 생각할 정도이다. 우리는 그의 책들로 성찬을 벌이고 있다.

체 안의 책은 우리를 하나님 나라의 다양한 장소로 이끌어, 한 권의 책에서 가능한 최대치로 하나님의 영광을 탐구하게 한다. 이 책을 읽는 것은 그리스도 안의 우리의 신분과 우리의 미래에 대해 깊이 즐거워하게 하며, 하나님의 순전하고 생생한 아름다움과 하나님께서 우리 주변과 안에서 행하시는 모든 것에 압도되게 한다. 하나님께서는 우리가 하나님의 영광을 나누도록 디자인하셨고, 우리가 흡족히 마시고 만족할 수 있는 능력을 그분의 아들을 통해 우리에게 주셨다. 체 안의 책은 많은 사람들을 그런 흡족함으로 이끄는 데 사용될 것이다.

이 책을 읽다 보면, 왜 예수님께서 체 안에게 이 책을 쓰게 하셨는지 분명히 알 수 있다. 체 안 자신이 오랫동안 하나님의 영광을 보고 경험하려는 깊은 갈망을 가졌다. 그는 오랜 세월의 목회 동안 주님을 갈급하게 찾았고, 그 결과, 토론토 에어포트 그리스도인 펠로십 교회의 부흥이 캘리포니아 주, 패서디나에 있는 그의 교회 하베스트 락에도 임하게 되었다. 체 안은 그의 교회에서 3년 반 동안 매일 저녁 가진 부흥회에 하나님의 영광이 나타난 것을 많이 목격했다. 그 시기에 초자연적인 역사가 뚜렷이 나타나는 경우가 많았고, 그것을 경험하면서 체 안은 하나님의 영광에 대해 더욱 갈급하게 되었다. 체 안과 사모 수는 하나님의 영광의 전달자이고, 성령에 목마른 심령으로, 하나님의 임재를 이 땅 위에 임하게 하려 분투하고 있다.

하나님의 백성이 이 땅에 의와 거룩함이 이뤄지도록 일치된 목소리로 부르짖을 때 하나님께서 영광 받으신다는 것을 우리는 안다. 체 안이 하나님의 영광을 추구하면서 그 일환으로, 그의 교회는 '더 콜'에 참여하게 되었다. 그것은 그리스도의 몸의 금식, 회개, 기도를 촉구하는 연속 집회이다. 처음에 미국 곳곳에서 열렸던 이 집회는 이제 전 세계 곳곳에서도 열리고 있다.

체 안은 주님께서 그 집회들에 능력과 은총으로 응답하시는 것을 보았다. 그래서 수많은 청소년들이 깊이 도전받고 회개했으며, 그들의 삶 속에 하나님의 영광이 나타나는 것만을 보기를 원하게 되었다. 하나님의 영광에 대한 갈급함이 생기면, 아무것도 그것을 대신할 수 없다. 주님의 선하심을 한번 맛보면, 주님의 마음과 목적에 더욱 더 가까이 다가갈 수밖에 없다.

우리는 사역을 하는 부부로서, 하나님의 임재를 위해 산다. 우리의 매일의 기도는 이것이다.

"성령께서 나를 소유하소서. 붓이 대미술가의 손에 잡혀, 사랑 안에 완전히 드려진 것처럼 나를 붙잡으소서."

이 책은 바로 그런 붓과 같다. 체 안은 하나님의 영광에 대한 추구에 우리를 동참시키며, 영적 여정의 각 단계를 설명한다. 우리가 예수님과 동행하며 많은 것을 맛보고 누렸지만, 체 안은 우리를 궁극적인 것, 즉 하나님 자신의 영광으로 이끈다. 하나님께서 친히 하나님 자신을 영화롭게 하신다. 뿐만 아니라, 하나님께서 우리 안에 능력으로 역사하실 때, 우리가 하나님을 영화롭게 하고, 하나님을 영원히 누릴 수 있다는 것을 그는 우리에게 보여 준다. 하나님의 영광에 온전히 바쳐진 이 책을 손에 쥐는 것은 흥분되는 영적 자산이다.

이 책은 정보 이상이다. 이 책을 통해 기름부음이 전가될 것이다. 이것은 지식 이상이다. 하나님의 영광을 만난 실제 이야기들 속에서 하나님의 사랑이 당신에게 흘러갈 것이다. 이 책을 천천히 소화하고 심사숙고하며 온전히 누리기 바란다. 이 책을 통해 당신이 여호와의 산에 올라 '영광의 소망' 이신 그리스도께서 당신 안에 계시되고, 마침내 그 영광이 '물이 바다를 덮음 같이' (합 2:14) 가득해지기를 바란다. 이 책의 모든 내용과 독자들의 응답을 통해 하나님께서 영광받으시기 바란다.

롤랜드와 하이디 베이커 부부
모잠비크, 펨바의 아이리스 미니스트리

서론

영광이 임함

나의 아내 수는 한밤중에 어둡고 텅 빈 모트 강당의 문을 열면서 무엇을 보게 될지 전혀 몰랐다. 두 딸 조이와 메리, 그리고 친구 크리스틴이 같이 있었다. 문이 열렸을 때, 그들 모두는 천상의 영광이 나타난 환상에 숨이 멎는 듯했다. 수와 소녀들은 꼼짝 않고 서서 그 모든 것을 받아들였다.

건물 안에 흰 안개가 가득했다. 그 안개 속에 수천 마리의 반투명한 비둘기들이 의자에 앉아 있었고, 서까래에 줄지어 앉아 있었다. 전에 몰랐던 천국의 화려한 색채가 그곳에 가득했다. 바닥은 전부 빛나는 잔디로 융단같이 덮여 있었고, 그것은 또한 보석처럼 빛나는 화려한 꽃들로 장식되어 있었다. 그들은 지극히 아름다운 음악의 선율을 들었는데, 꽃들이 노래하고 있다는 것을 곧 깨달았다. 다양한 크기와 인종의 수백 명이나 되는 장엄한 천사들이 넓은 강당 곳곳에 보였으며, 그중의 많은 천사들은 10미터 정도로 엄청나게 키가 커서 거의 천장에 닿을 정도였다.

그것은 1995년 5월의 어느 주일 새벽이었고, 토요일의 저녁 예배가 끝난 지 한참 후였다. 우리 교회, 하베스트 락은 설립한 지 거의 1년이 되어 가고 있었다. 우리는 주님의 방문을 그 한 해 동안 간절히 찾았고, 큰 믿음의 결단을 해서 모트 강당을 집회 장소로 빌렸다. 매달 3만 5,000달러를 낸다는 것은 우리에게 엄청났다. 우리는 북부 패서디나에 있는 모트 강당에서 한 달이 넘게 거의 매일 저녁 집회를 열어 왔고, 우리 교인들은 주님 안에서 흥분된 시간을 가졌다.

그 직전인 토요일 밤에 아내 수와 함께 잠자리에 들었지만, 나는 좀처럼 잠들지 못했다. 우리의 딸 조이와 친구 크리스틴이 침실 옆, 거실에 텐트를 치고 있었는데, 우리는 그들의 웃음소리를 들을 수 있었고, 그것이 한동안 계속되었다. 마침내 나는 아내에게 아이들을 조용히 시키라고 했다. 아내는 졸린 눈으로 침대에서 일어났다.

거실에 간 수는 두 소녀 모두에게 거룩한 웃음이 임했다는 것을 깨달았다. 성령의 능력으로 몸이 흔들리며 크리스틴이 아내에게 외쳤다. "모트, 모트, 모트로 가야 해요!" 그러며 강당을 가리켰다. 조이도 즉시 거들었다. "예, 엄마, 우리는 모트로 가야 해요!"

그때는 새벽 한 시 무렵이었다. 그러나 수는 하나님께서 아이들에게 역사하고 계신 것을 강하게 감지하고, 아이들을 모트로 데려가기로 결정했다. 그녀는 두 소녀와 막내딸 메리를 승합차에 태우고 강당으로 갔다.

그들이 그런 영광스러운 광경의 경이 속에 서있을 때, 한 소녀가 외쳤다. "루 목사님을 모셔 와야 해요!" 하베스트 락 교회의 목사 중 한 명인 루 엥글은 강당 맞은편에 살았다. 그와 사모 터리즈가 그 장소를 선택했다. 루가 매일 새벽 기도회를 인도하러 걸어올 수 있게 하기 위해서였다. 루는 중보기도에 대한 열정이 있었으며, 그날 밤 이후, '더 콜'의 회장이 되었다. 그 국제적 운동으로 전 세계의 부흥과 영적 각성을 위해 기도하는 많은 사람들이 결집되었다.

그들은 곧 길을 건너 루를 깨워서 강당에 가득한 영광을 보러 가자고 했다. 루는 그들과 서둘러 갔지만, 강당에 들어갔을 때, 하나님이 임재하시는 무거운 분위기를 느꼈을 뿐, 아무것도 보지 못했다. 그러나 수와 소녀들은 앞서 본 환상을 계속 보았다. 아이들이 10미터 키의 천사 등 장엄한 광경을 계속 설명하자, 루는 조이와 크리스틴을 각각 따로 불러 이야기를 나누었다. 그가 조목조목 묻는 말에, 소녀들은 그 놀라운 광경과 찬양소리를 동일하게 설명했다. 그래서 루는 소녀들이 하나님의 영광이 임한 천상의 방문을 목격하고 있다고 확신하게 되었다.

아침에 나는 교회로 가면서 그 사건을 알게 되었다. 나도 도착해서 건물 안에 하나님의 임재가 강해진 것을 느꼈지만, 아무것도 보지는 못했다. 그러나 평상시처럼 그 날 저녁에 있었던 집회는 확연히 달랐다. 우리의 예배 중에 천사가 방문하고 영광이 뚜렷이 나타나는 것이 그때부터 시작되었다. 이어지는 6개월 동안 그 소녀들과 다른 어린이들은 우리의 집회 중에 천사들을 계속 보았다. 마치 천국이 우리 위에 임한 것 같았다.

바로 그것이 하나님의 영광이다. 즉 천국이 땅에 임한 것이다!

우리 중에 하나님의 영광이 처음 나타난 그때 이후, 하베스트 락 교회에 천국이 임하고 있다. 그것은 항상 같은 식으로 나타나지는 않는다. 가령, 언제나 늘 천사가 방문하지는 않는다. 때로는 바깥 날씨가 청명한데도 짙은 안개가 내려와 실내를 가득 채운다. 또 어떤 때에는 우리가 찬양하거나 기도할 때 하나님의 영광이 임한 무게를 느낀다.

여하튼 하나님의 영광이 임할 때마다 항상 어떤 종류의 나타남이 있다. 하나님의 영광은 묵중하다. 그것은 진짜이며 실제이다. 그것은 우리와 우리 주변에 영향을 준다. 하나님의 영광은 하나님의 임재를 수반하며, 하나님은 온 우주의 그 어느 것보다 실제적이시라는 것을 우리는 알게 되었다.

하나님께서 은혜로 우리 교회에 하나님의 영광이 뚜렷이 임재하는 축복을 주셨다. 하나님께서 임하셨기 때문에 우리 교회는 예언적이고 성령께서 거하시는 처소로 알려졌다. 물론 하나님과 마찬가지로, 하나님의 영광도 우리가 다 이해하거나 설명할 수 없지만, 우리는 하나님의 영광을 기쁨과 경이로 경험할 수 있다. 하나님의 영광을 경험할 때, 우리는 하나님께 대해 더 갈급해진다.

나의 진정한 갈망은 하나님을 아는 것이다. 나는 하나님의 영광을 더 경험하기를 갈구한다. 내가 하나님의 영광을 접함에 따라 하나님과 더 친밀해졌다는 것을 알게 되었다. 그래서 이 책을 통해 나와 다른 사람들의 경험을 나눔으로써, 당신도 하나님의 영광을 추구하는 대열에 동참하게 되기를 기도한다.

1장 영광이란 무엇인가?

하베스트 락 교회의 한 교인이 나에게 이런 이야기를 해줬다.

몇 년 전에 나는 하나님에 대한 더 많은 것을 간절히 찾고 있었다. 여러 시간을 기도와 말씀 묵상으로 보냈지만, 채워지지 않는 것 같았다. 나는 더 많은 것을 원했고, 정말로 **더 많은 무언가를** 갈구했다!

어느 날 내가 침실에서 엎드려 몇 시간 동안 하나님을 구하고 있을 때, 하나님의 임재가 방안에 점차 강해지는 것을 느꼈다. 설명하기 어렵지만, 따스함과 평화가 공중에 밀려들어오는 것 같았다. 그리고 주님께서 내게 조용히 말씀하시는 것을 나의 영으로 들었다. '내가 여기 너와 함께 있으려 들어오기 원한다. 가까이 가도 되겠니?' 나는 소리를 내어 대답했다. "예, 주님."

그러자 임재가 강해지기 시작했다. 뭔가 무거운 느낌이 점점 더 커졌다. 그 따스함이 나의 몸을 휘감기 시작하는 것을 느꼈고, 그것은 마치 따뜻한 에너지의 소용돌이에 휩싸인 것 같았다. 그것은 유쾌한 느낌이었고, 몇 분간 나는 말할 수 없이 놀라운 평화와 행복을 느꼈으며, 그것은 황홀경에 가까웠다. 임재가 계속 강해져서, 나의 이해를 넘어선 광

대한 분의 손에 내가 붙잡혀 있음을 알게 되었다.

나는 그 모든 것에 압도되어 외쳤다. "주님, 저는 무서워요." 그러자 즉시 하나님의 임재가 물러나서 나에게 여유를 주었다. 그때 나는 주님께서 나와 가까이 있기를 갈망하시면서도, 나의 한계를 존중하셔서 나를 무섭게 하고 싶어 하지 않으신다는 것을 동시에 깨달았다. 그 안타깝고도 달콤한 순간에 나는 눈물을 터뜨렸다. 내가 하나님을 갈망하는 것보다, 하나님께서 나를 얼마나 더 갈망하시는지 갑자기 깨달았기 때문이었다.

이 이야기는 나를 미소 짓게 한다. 왜냐하면 이 이야기는 우리 모두가 가지고 있는 경향을 보여 주기 때문이다. 우리 모두는 주님을 원한다고 하지만, 막상 주님께서 우리에게 나타나셔서 주님의 영광을 접하는 순간에는 그렇지 않다! 그럴 때 갑자기 우리는 단지 주님에 대한 지식만을 갖는 것이 아니라, 주님의 실체에 직면하게 된다. 그럴 때 하나님이 어떤 분이시며 어떻게 행하시는가에 대한 우리의 모든 박사 학위들은 증발해 버린다.

하나님에 대한 우리의 생각을 실제 하나님과 혼동하기 쉽다. 심지어 우리의 생각이 성경에 근거한 것이더라도, 하나님과 하나님의 영광을 직접 만났을 때의 생생한 체험은 없을 수 있다. 크리스 밸러턴은 그의 책 『초자연적 삶 개발하기』(Developing a Supernatural Lifestyle)에서 이렇게 말한다.

많은 사람들이 성경을 알기 때문에 주님을 안다고 생각한다. 그러나 성경의 목표는 우리를 예수님과의 관계 속으로 인도하는 것이다. 하나님과 관계를 형성하는 것을 성경을 아는 것과 혼동하지 말아야 한다. 만일 성경을 아는 것이 하나님을 아는 것과 동일하다면, 바리새인과 사두개인들이 걸출했을 것이다![1]

만일 우리가 하나님을 인격적으로 알기 원하고 하나님과 친밀히 관계하기 원한다면, 우리는 하나님의 영광을 받아들이고 경험할 준비가 되어야 한다.

하나님과 하나님의 영광은 분리되지 않는다

우리가 하나님의 영광에 들어가지 않으면 하나님을 생생히 만날 수 없다. 그것은 내가 몸을 집에 두고 누군가를 방문하러 갈 수 없는 것과 마찬가지이다. 내가 어디를 가든 내 몸이 간다. 왜냐하면 내 몸과 나는 하나이기 때문이다. 하나님과 하나님의 영광도 마찬가지로 하나이다. 하나님께서 나타나시면 하나님의 영광도 나타난다.

하나님의 임재가 우리 주변에 임할 때, 하나님의 영광도 임하는데, 그것은 종종 드러나게 나타난다. 이 경험은 우리가 모트 강당에서 천사들의 방문을 받았을 때처럼 아름답고 감동적일 수도 있고,

감당할 수 없이 압도적이거나, 마음을 찢거나, 혹은 희락이 넘치는 것일 수도 있다. 우리의 경험이 어떻든, 하나님의 영광을 접하는 것은 우리에게 영향을 주고 우리를 변화시킨다. 그것은 하나님과 하나님의 역사하시는 방법에 대한 우리의 이해를 확장시키고, 현재 우리가 하나님에 대해 가지고 있는 인식에 종종 도전을 준다.

하나님에 대한 우리의 말은 우리 마음대로 할 수 있지만, 하나님은 그렇지 않으시다. 하나님의 영광도 마찬가지이다. 그것은 조종될 수 없고, 예측 불가능하며, 종종 논란을 불러일으킨다. 특히 그것이 하나님에 대한 우리의 '표준'과 어긋날 때 그렇다.

그렇다면 하나님의 영광이란 무엇인가?

영광의 정의

하나님의 속성들의 대부분은 너무 거대해서 정의하기 어렵다. 가령 하나님의 자비, 사랑, 의, 심판이 그렇다. 하나님의 영광도 마찬가지이다. 성경은 **영광**이라는 단어를 350회 사용한다. 그래서 영광은 성경의 주요 주제 중 하나이면서 다양한 측면을 가졌다.

영광의 간단한 정의를 위해, 아주사 퍼시픽 대학교의 교수 부부이자 하베스트 락 교회 교인인 신약 신학의 토드 포크리프카 박사와 구약 신학의 주니어 포크리프카 박사의 조언을 받았다. 포크리프카 부부는 하나님의 영광에 대해 성경을 연구해 하나님의 영광의 두 카테고리를 파악했다. 그것은 하나님의 **영원한 영광**과 하나님의 **나타나는 영광**이다. 그들이 나눈 것을 요약하면 이렇다.

하나님의 영원한 영광과 하나님의 나타난 영광

성경에 하나님의 **영원한 영광**에 대해 직접 말하거나 그것을 가리키는 구절은 별로 없지만, 많은 구절들이 하나님의 **나타난 영광**을 언급한다. 영광의 두 카테고리를 어떻게 구분하는지 빛을 예로 들어 설명할 수 있다. 성경은 빛이라는 단어로 하나님의 영광을 종종 묘사한다.

해와 햇빛을 생각해 보라. 하나님의 **영원한** 영광은 해와 같아서 너무 뜨겁고 밝기 때문에 우리가 직접 다가가거나 볼 수 없다. 그러나 햇빛은 다양한 방식으로 우리에게 나타난다. 햇빛은 어둠을 비추어 우리 주변의 사물들을 드러낸다. 그리고 아름다운 일출과 화려한 일몰로 장엄한 빛의 장관을 연출한다. 또 우리를 따뜻하게 하고 우리의 피부를 갈색으로 만들기도 한다. 해가 가는 곳이면 어디든 햇빛도 간다. 그러나 햇빛이 해는 아니다. 우리가 경험하는 햇빛은 해가 그렇게 **나타난 것**이다.

그 구별은 하나님의 영광을 이해하는 데 유용하다. 하나님의 **영**

원한 영광은 해와 같다. 그것은 하나님의 본질이며, 우리의 이해를 넘어선 것이고, 우리가 직접 만날 수 없는 것이다. 그러나 하나님의 **나타난** 영광은 햇빛과 같아서, 우리가 인지할 수 있는 방식으로 하나님의 잔영을 만나는 것이며, 그것은 육체의 치료, 우리의 영의 평화, 천사의 방문 등 여러 가지일 수 있다.

성경 속의 하나님의 영원한 영광

하나님의 영광이 피조물에 **나타나기** 전에도 하나님께서 **영원한** 영광을 가지셨다. 예수님께서 세상의 창조 전에 아버지와 함께 가지셨고, 승천 후에 돌아가실 그 영광에 대해 이렇게 말씀하셨다. "아버지여 창세 전에 내가 아버지와 함께 가졌던 영화로써 지금도 아버지와 함께 나를 영화롭게 하옵소서"(요 17:5).

성경은 하나님의 **영원한** 영광을 찬란하고 화려한 빛으로도 언급한다. "하나님은 빛이시라 그에게는 어둠이 조금도 없으시다"(요일 1:5). 천국에는 조명이 필요 없다. 왜냐하면 하나님께서 피조물이 보는 모든 빛의 근원이시기 때문이다. 그 빛은 아름다운 본질과 생명을 주는 속성을 갖는다.

성경에서는 하나님의 본질적이고 영원한 영광을 가치 있고 중요하게 본다. 『스트롱 사전』은 **영광**을 "풍부함, 존귀 영광, 부유함, 부,

광채"로 정의한다. 마찬가지로, 신약성경의 헬라어 단어 **독사**도 하나님의 영광을 밝음, 찬양, 위엄, 존귀로 표현한다.

구약에서 **영광**을 가리키는 단어로 가장 자주 사용되는 히브리어는 **카보드**이다. 동사 **카베드**와 관련된 이 단어는 "무겁다"를 의미한다. 헬라어 단어 **독사**와 『스트롱 사전』의 정의를 종합하자면, **카보드**는 무게와 중요성, 또한 가치와 진가를 가진 하나님의 영광이다.

예수 그리스도께서는 이렇게 정의된 영원한 영광의 모든 면을 성부 하나님과 동일하게 가지신다. "그(예수 그리스도)에게 영광과 권능이 세세에 무궁하도록 있느니라"(벧전 4:11).

성경 속의 하나님의 나타난 영광

하나님의 **나타난** 영광은 하나님께서 자연과 사람을 통해 하나님 자신, 하나님의 영원한 영광을 나타내는 것이다. 성경에서 하나님의 영광을 가리킬 때 그것은 하나님의 나타난 영광이다. 하나님께서는 많은 방식으로 하나님의 영광을 우리에게 나타내신다.

하나님께서 세상을 창조하실 때, 하나님께서 만드신 것들 안에서, 그리고 그것들을 통해서 하나님의 영광을 나타내셨다. 간단히 말해서, 피조물은 하나님의 나타난 영광을 표현하고 있다. 모든 피조물이 하나님의 영광을 선포하고, 창조자 하나님의 장엄한 능력,

창조성, 지성을 나타내도록 하늘이 이끌고 있다. "하늘이 하나님의 영광을 선포하고 궁창이 그의 손으로 하신 일을 나타내는도다"(시 19:1). 이 영광은 인류의 타락과 그에 따른 피조물의 타락 이후에까지 분명히 남아 있다.

인간은 하나님의 형상으로 창조되었기 때문에 하나님의 영광을 특별한 방법으로 표현한다. "남자는 하나님의 형상과 영광이니 그 머리를 마땅히 가리지 않거니와"(고전 11:7). 실로 인간은 하나님을 영화롭게 하기 위해 창조되었다. 우리가 받은 영광은 '파생된 영광'으로서, 우리가 하나님께 순종함을 통해 하나님과 연합할 때 임하며, 우리가 성령으로 충만해질 때 임한다.

태초부터 하나님께서는 하나님의 나타난 임재, 하나님의 나타난 본질과 성품, 하나님의 나타난 능력에 표현된 하나님의 영광을 통해 인간이 하나님을 알기를 뜻하셨다. 그런 이유로, 하나님의 **나타난 영광**이 이 책의 주 초점이다.

하나님의 영광의 실제적 정의

하나님의 영광은 너무 광범위하고 복잡해서 다 이해할 수 없을 뿐 아니라, 완벽하게 정의할 수도 없다. 그러나 이 책에서는 분명한 의사소통을 위해, 이런 실제적 정의를 내리고자 한다.

하나님의 영광은 하나님의 나타난 임재이며, 그것으로 하나님의 선하신 성품을 나타내시고, 표적과 기사를 통해 하나님의 능력을 드러내신다.

성경 전체에서 하나님께서는 하나님의 백성을 부르셔서, 하나님을 알고, 하나님을 영화롭게 하고, 하나님의 영광을 반영하라고 하신다. 하나님을 참으로 알려면, 우리는 하나님의 영광과 만나야 한다. 우리가 하나님을 더 친밀히 알수록, 하나님의 영광이 우리에게, 그리고 우리 안에 더 계시된다.

다음 몇 장에서 우리는 하나님의 **나타난** 영광의 여러 측면들을 더 깊이 살펴보고, 그 영광이 우리의 삶에 미치는 영향을 탐구할 것이다. 우리가 살펴볼 것은 다음과 같다.

(1) 하나님의 나타난 임재, (2) 하나님의 나타난 본질과 성품, (3) 하나님의 나타난 능력. 우리는 성경, 교회사, 현재 하나님의 영광을 접한 사람들의 예를 통해 그것을 살펴볼 것이다.

또한 우리는 하나님의 영광의 흐름 안에 머물고, 영광에서 영광으로 나아가기 위해 우리가 무엇을 해야 할지 심사숙고할 것이다. 마지막으로, 우리는 하나님의 영광의 목적이 무엇인지 살펴볼 것이다. 그것은 우리 자신과 사회가 변화됨으로써, 예수님께서 우리에게 가르쳐 주신 이 기도가 응답되는 것이다.

"나라가 임하시오며 뜻이 하늘에서 이루어진 것같이 땅에서도 이루어지이다"(마 6:10).

When Heaven Comes Down

2장 영광은 하나님의 나타난 임재이다

모세가 회막에 들어갈 때에 구름 기둥이 내려 회막 문에 서며 여호와께서 모세와 말씀하시니 모든 백성이 회막 문에 구름 기둥이 서 있는 것을 보고 다 일어나 각기 장막 문에 서서 예배하며　　출애굽기 33:9-10

아론이 이스라엘 자손의 온 회중에게 말하매 그들이 광야를 바라보니 여호와의 영광이 구름 속에 나타나더라　　출애굽기 16:10

구름이 회막에 덮이고 여호와의 영광이 성막에 충만하매 모세가 회막에 들어갈 수 없었으니 이는 구름이 회막 위에 덮이고 여호와의 영광이 성막에 충만함이었으며　　출애굽기 40:34-35

우리들 대부분은 모세와 이스라엘 백성이 광야에서 하나님의 인도를 따라간 이야기를 잘 알고 있다. 그들이 하나님을 따라갈 수 있었던 것은 하나님의 영광이 구름의 형태로 그들에게 나타났기 때문이었다. 이 이야기를 성경에서 읽어 보지 않은 사람들이라도 고전적인 영화 「십계」에서 그 장면을 봤을 것이다.

우리는 위의 성경 구절들을 보며, 하나님께서 모세와 이스라엘 백성에게 광야에서만 특별히 나타나신 것으로 생각할 수 있다. 그러나 하나님의 영광은 하나님의 백성에게 다양한 방식으로 다양한 때에 나타났다.

하나님께서 백성에게 임하신다

하나님께서 이스라엘 백성이 광야에서 생활한 지 수백 년 후, 솔로몬 왕 시대에 하나님의 백성에게 임하셨다. 솔로몬 왕은 성전을 완공하고 언약궤를 안치하고 있었다. 그들은 성전으로 준엄한 행진을 해, 언약궤를 지성소에 안치했다. 제사장들이 물러가고, 밖에서는 노래하는 자들과 악기 연주하는 자들이 하나님을 찬양하기 시작했다.

성경은 이렇게 말씀한다.

> 나팔 부는 자와 노래하는 자들이 일제히 소리를 내어 여호와를 찬송하며 감사하는데 나팔 불고 제금 치고 모든 악기를 울리며 소리를 높여 여호와를 찬송하여 이르되 선하시도다 그의 자비하심이 영원히 있도다 하매 그 때에 여호와의 전에 구름이 가득한지라 제사장들이 그 구름으로 말미암아 능히 서서 섬기지 못하였으니 이는 여호와의 영광이 하나님의 전에 가득함이었더라
>
> 역대하 5:13-14

이 본문은 하나님께서 임재하시는 곳마다 하나님의 영광도 임재한다는 것을 분명히 보여 준다. 왜냐하면 하나님과 하나님의 영광은 하나이기 때문이다. 그 둘은 분리될 수 없다. 이 책에서 나는 하나님의 영광과 하나님의 임재를 상호 교환될 수 있는 것으로 볼 것이다. 하나님의 영광의 한 측면이 있다. 그것은 하나님의 성품이 찬란하게 나타나 임재하는 것이다. 이 나타난 임재는 성령의 능력과 임재이며, 그럴 때 성령께서 하나님의 영광을 유형적으로 나타내신다. 그것은 마치 장막을 걷어서, 이 땅을 침노하는 천국을 사람들이 경험할 수 있게 해주는 것과 같다.

하나님의 임재는 여러 형태로 나타난다

위에 든 성경의 예들에서 하나님의 영광스러운 임재가 구름으로 나타났다. 그러나 하나님의 영광은 한 형태의 유형적 표현에 국한되지 않는다. 성경에 나타난 하나님의 영광스러운 임재의 다른 경우들도 살펴보자.

불

여호와의 사자가 떨기나무 가운데로부터 나오는 불꽃 안에서 그에게 나타나시니라 그가 보니 떨기나무에 불이 붙었으나 그 떨기나무가 사라지지 아니하는지라…여호와께서 그가 보려고 돌이켜 오는 것을 보신지라 하나님이 떨기나무 가운데서 그를 불러 이르시되 모세야 모세야 하시매 그가 이르되 내가 여기 있나이다 하나님이 이르시되 이리로 가까이 오지 말라 네가 선 곳은 거룩한 땅이니 네 발에서 신을 벗으라

출애굽기 3:2, 4-5

솔로몬이 기도를 마치매 불이 하늘에서부터 내려와서 그 번제물과 제물들을 사르고 여호와의 영광이 그 성전에 가득하니 여호와의 영광이 여호와의 전에 가득하므로 제사장들이 여호와의 전으로 능히 들어가지 못하였고

역대하 7:1-2

오순절 날이 이미 이르매 그들이 다같이 한 곳에 모였더니…홀연히 하늘로부터 급하고 강한 바람 같은 소리가 있어 그들이 앉은 온 집에 가득하며 마치 불의 혀처럼 갈라지는 것들이 그들에게 보여 각 사람 위에 하나씩 임하여 있더니 그들이 다 성령의 충만함을 받고 성령이 말하게 하심을 따라 다른 언어들로 말하기를 시작하니라

사도행전 2:1, 3-4

찬란한 빛

사울이 길을 가다가 다메섹에 가까이 이르더니 홀연히 하늘로부터 빛이 그를 둘러 비추는지라 땅에 엎드러져 들으매 소리가 있어 이르시되 사울아 사울아 네가 어찌하여 나를 박해하느냐 하시거늘 대답하되 주여

누구시니이까 이르시되 나는 네가 박해하는 예수라   사도행전 9:3-5

엿새 후에 예수께서 베드로와 야고보와 요한을 데리시고 따로 높은 산에 올라가셨더니 그들 앞에서 변형되사 그 옷이 광채가 나며 세상에서 빨래하는 자가 그렇게 희게 할 수 없을 만큼 매우 희어졌더라 이에 엘리야가 모세와 함께 그들에게 나타나 예수와 더불어 말하거늘

마가복음 9:2-4

몸을 돌이켜 나에게 말한 음성을 알아보려고 돌이킬 때에 일곱 금 촛대를 보았는데 촛대 사이에 인자 같은 이가 발에 끌리는 옷을 입고 가슴에 금띠를 띠고…그 얼굴은 해가 힘 있게 비치는 것 같더라

요한계시록 1:12-13, 16

소리

셋째 날 아침에 우레와 번개와 빽빽한 구름이 산 위에 있고 나팔 소리가 매우 크게 들리니 진중에 있는 모든 백성이 다 떨더라 모세가 하나님을 맞으려고 백성을 거느리고 진에서 나오매 그들이 산기슭에 서 있는데

출애굽기 19:16-17

예수께서 세례를 받으시고 곧 물에서 올라 오실새…하늘로서 소리가 있어 말씀하시되 이는 내 사랑하는 아들이요 내 기뻐하는 자라

하시니라   마태복음 3:16, 17

오순절 날이 이미 이르매 그들이 다같이 한 곳에 모였더니 홀연히 하늘로부터 급하고 강한 바람 같은 소리가 있어 그들이 앉은 온 집에 가득하며   사도행전 2:1-2

이들은 하나님의 나타난 임재의 영광이 취할 수 있는 여러 형태의 몇 가지 예이다. 우리는 이런 이야기들을 편안하게 읽을 수 있다. 왜냐하면 그것이 극적이지만, 오래 전에 일어난 일이기 때문이다. 그러나 오늘날 그런 일이 일어난 것을 증언한다면, 얼마나 파장이 클지 상상해 보라.

하나님께서 오늘날에도 하나님의 임재의 영광을 유형적으로 나타내시는가? 대답은 그렇다는 것이다.

하나님의 임재는 우리 안에 있으며, 또 우리에게 임한다

어떤 그리스도인들은 성령께서 우리 안에 거하시므로 하나님께서 임재를 우리에게 달리 나타내실 필요가 없다고 믿는다. 우리가 어디를 가든 하나님의 임재가 늘 우리와 함께하기 때문이라는 것이다.

물론 당신이 그리스도인이 된 지 어느 정도 된다면, 당신 안의 성령의 임재를 감지하는 법을 배웠을 것이다. 때로 당신을 인도하는 세미한 음성을 들을 것이다. 어떤 때는 하나님의 임재의 평화를 경험하며 조용하고 깊은 만족감을 가질 것이다. 혹은 어떤 성경 구절이 갑자기 당신에게 생생하게 다가와 에너지를 불어넣어 주고, 성령께서 거룩한 통찰을 주실 것이다.

하나님의 임재가 **우리와 함께** 계심에도 불구하고, 하나님의 임재가 **우리에게 임하실** 수 있다. 그런 때에 우리는 하나님을 유형적으로 강력하게 경험한다. 하나님은 후히 베푸시므로, 우리에게 자신을 다양한 방식으로 알리시기를 기뻐하신다. 우리가 하나님을 찾고, 임해 달라고 간구하는 것을 하나님께서 기뻐하신다. 그리고 우리가 그렇게 하나님의 임재를 구할 때, 개인적으로나, 집단적으로, 혹은 찬양과 예배, 기도, 묵상, 단순하게 잠잠히 하나님을 기다리는 것을 통해, 하나님께서 우리에게 오신다. 우리가 하나님을 더 간절하고 꾸준하게 찾을 때, 하나님의 임재의 영광을 우리에게 더 나타내신다. 하나님을 친밀하게 아는 것은 하나님의 영광을 경험하는 것이다. 우리는 때로 그 경험이 유형적인 것이 될 수도 있음을 기대해야 한다.

내가 설명한 것은 하나님께서, 예수 그리스도를 통해 행하고 계신 왕국 회복 사역의 일부이다. 하나님의 목적은 하나님께서 우리를 창조하실 때 원래 가지신 풍성하고 충만한 삶으로 우리를 회복시키는 것이다. 그 삶에는 하나님과의 친교 관계도 포함된다.

성경은 에덴동산에서 여호와께서 날이 서늘할 때에 아담과 하와와 함께 걷고 얘기하셨다고 말씀한다(창3:8 참조). 아담과 하와가 하나님과 걸으며 세미한 내적 음성으로 대화했다고 생각하지 않는다. 나는 그들이 하나님의 유형적 임재, 나타난 임재와 더불어 걷고 얘기했을 것이라고 믿는다. 그것은 하나님께서 우리에게 의도하신 회복의 일부이다. 우리는 하나님 아버지와 화목하게 되는데, 그것은 단지 죄의 영적 장벽을 제거하심을 통해서만이 아니라, 하나님의 유형적 임재의 영광 안으로 들어오라는 하나님의 초청을 통해서이기도 하다.

오늘날 나타난 하나님의 임재

하베스트 락 교회의 한 교인이 하나님의 뚜렷한 임재를 경험한 이야기를 나에게 나누었다.

> 나는 하나님의 임재의 **쉐키나**[영광]를 처음 본 때를 기억한다. 나는 성령 세례를 받은 지 두 주일밖에 안 되었고, **쉐키나**에 대해 읽거나 들은 적이 없었다.
>
> 우리는 은사 운동이 매우 활발히 일어나는 한 교회를 방문 중이었다. 우리가 교회에 도착했을 때 사람이 너무 많아서, 강단 뒷자리에 청중을 마주보고 앉았다. 거기 앉아 있을 때, 따뜻함과 평화의 담요 같은

묵직한 임재가 나를 감싸는 것을 느끼기 시작했다. 그러고 나서 나는 '그것'을 보았다. 그것은 성전 뒤쪽에 있는 사람들의 머리 위, 천장 가까이 있었다. 그것은 안개같이 보였고, 앞으로 굴러오기 시작했다. 처음에 나는 누가 건물 뒷문을 열어 놓아서 밖에서 안개가 들어오는 것이라고 생각했다.

그러나 그럴 수 없다는 것을 나는 곧 깨달았다. 그 때는 텍사스 주, 휴스턴의 메마른 한여름이었다. 밖에는 안개가 없었다! 게다가 그 특별한 '실내 안개'가 앞으로 몰려옴에 따라, 그것은 점점 더 짙어졌고, 보통 안개 같지 않았다. 그것은 마치 금가루가 들어 있는 것처럼 반짝거렸다. 그것을 가장 잘 표현하자면, '황금 안개'였다. 그것은 앞으로 계속 구르듯 몰려왔고, 묵중한 임재는 더욱 강해졌다. 내게는 그것이 분명히 보였지만, 주변을 흘깃 돌아보니, 아무도 그것을 보고 있지 않은 것 같았다. 나는 그것이 하나님으로부터 온 것이라고 생각했지만, 그것이 무엇인지 전혀 몰랐다.

몇 주 후에 나는 본 교회에서 솔로몬의 성전 봉헌에 대해 읽으며, 여호와의 영광의 구름이 성전을 채웠다는 것을 공부했다. 그때 나는 내가 본 것이 무엇인지 알게 되었고, 주님께 감사했다.

나는 이 교인의 이야기를 들으며 미소 지었다. 왜냐하면 내가 경험한 하나님의 영광의 구름과 매우 흡사했기 때문이었다. 그 경험을 할 때, 처음에 나는 그것을 이성적으로 설명해 보려 했다. 그러나 나는 그것이 보통 안개가 아니라는 것을 깨달았다. 왜냐하면 밖에는 안개가 없었기 때문이다. 그래서 나는 하나님을 찬양하기 시작했고, 그 천상의 안개는 점점 더 짙어져서 앞사람이 잘 안 보일 정도까지 되었다. 그것은 너무나 영광스러웠다!

어떤 사람들은 하나님의 영광에 대한 '열린 환상'을 보는데, 그것은 천국을 들여다보는 것으로서, 나의 아내와 소녀들이 모트에서 보았던 것이 그것이다. 그들은 천사, 꽃, 이상한 피조물들, 아름다운 초원, 과일나무 등 온갖 아름다운 것들을 보았다. 때로는 열린 환상과 함께 예언의 말씀을 받거나, 영광스러운 음악이나 천사들의 합창을 듣는다. 그들이 무엇을 보고 듣든, 그들이 한결같이 증언한 것은 하나님의 임재를 분명히 감지했다는 것이었다.

라스베이거스의 한 컨퍼런스에서 우리 교인 한 명이 또 다른 유형의 하나님의 임재를 경험했다. 어느 시간에 강사들이 사람들에게 앞으로 나오면, 성령의 기름부음 전달을 위해 안수하겠다고 했다. 그 시간에 회중은 '성령의 비가 내리네'를 불렀다. 그러고 나서 곧 사람들은 물방울이 천장에서 떨어지는 것을 느꼈다. 그들이 살펴보니 **실내에 비가 내리고** 있는 것 같았다. 그들은 지붕이 새는 문제는 아니라는 것을 알았다. 바깥에 햇빛이 환했기 때문이었다. 누군가 에어컨이 새는지 모른다고 생각해서 관리과에 알렸지만, 기술자들은 에어컨에 문제가 없다고 했다.

물방울은 계속 떨어졌고, 갑자기 사람들은 무슨 일이 일어나고 있는지 깨달았다. 회중이 '성령의 비가 내리네'를 부르며, 하나님께 하늘의 문을 열어 하나님의 영광을 부어 달라고 간구하고 있었고, 하나님께서 바로 그렇게 하신 것이었다. 내가 개인적으로 믿는 것은 하나님께서 우리 모두에게 그 물방울로 예언적 징조를 주셔서, 하나님의 영광의 신선한 부음으로 세상을 덮을 것을 나타내셨다는 것이다!

다행히, 우리 교인 한 명이 카메라로 실내에 비가 내리는 것을 찍었다. 그녀가 그것을 하베스트 락에 가져와서 우리 교회 다른 교인들에게 보여 주었다. 우리는 그것을 보며 기뻐했고 큰 은혜를 받았다!

하나님의 임재의 더 특별한 나타남을 내가 들었다. 한 동료 목사가 1970년대에 캐더린 쿨만의 집회에 참석했었다고 한다. 한 예배에서 쿨만 여사는 외국에서 온 한 커플을 단상 앞으로 나오라고 부르며 이렇게 말했다. "이리로 올라오세요. 주님께서 당신들에게 뭔가 주실 거예요."

그들이 단상을 향해 중앙 통로를 걸어갈 때, 강력한 바람이 그들에게 불어서 진행을 방해했다. 그들은 바람에 맞서 걸어가며 넘어지지 않으려 몸을 앞으로 숙여야 했다. 그 커플의 옷이 바람에 나부끼는 것을 주변 사람들이 놀라서 응시했다.

나의 목사 친구는 바람이 어디서 나는지 둘러보았지만 선풍기나 바람을 일으킬 만한 아무 것도 없었다. 더 이상한 것은 바람이 중앙 통로에만 불었다는 것이다. 강당 내 다른 곳은 지극히 잠잠했다. 쿨만 여사는 커플이 애쓰는 것을 보고 웃으며 말했다. "두려워하지 마세요. 성령의 바람이 당신들에게 불고 있어요."

하나님의 임재가 몸에 나타남

하나님의 임재가 나타날 때 항상 천국의 어떤 것을 보거나 듣는 것은 아니다. 하나님의 임재가 어떤 장소를 채울 때, 사람들은 종종 신체적 감각을 느끼거나 몸에 반응이 일어난다. 많은 그리스도인들이 그런 반응을 경험했을 것이다. 그런 예로는 기쁨에 '사로잡히는' 느낌, 예배 중의 평화, 기도나 묵상 중에 시간감각을 잃는 것 등이 있다.

때로는 하나님의 임재가 강하고, 사람들의 신체적 반응도 강하게 나타난다. 하나님의 임재가 희락과 웃음을 가져오기도 한다. 그것은 데굴데굴 구르며 포복절도하는 웃음이다. 때로는 마치 사람들이 전기 충격이라도 받은 듯이 통제 불능으로 몸에 경련이 일어난다. 리드미컬하게 몸이 흔들리기도 하고, 진동을 일으키며 떨기도 한다. 어떤 때는 쓰러져 바닥에 누워 있기도 한다. 그들은 일시적으로 움직일 수 없었다거나, 바닥에 달라붙은 느낌이었다고 흔히 말한다. 몇몇 경우에는 다른 사람들이 그들을 일으키려 했지만, 할 수 없었다고 한다. 하나님의 영광이 그들을 무겁게 누르고 있었기 때문이다.

종종 어떤 사람들은 따뜻한 물결이나 능력의 흐름이 몸을 휩쓸고 지나가는 것을 느꼈다고 보고한다. 그것에 대한 반응으로 그들은 웃거나, 울거나, 소리를 내거나, 신음하거나, 비명을 지르거나, 노래하거나, 방언으로 말하거나, 매우 잠잠하거나, 하나님의 임재 안에 빠진 것으로 보였다.

내가 그것을 처음 경험한 것은 고등학생일 때 친구와 함께 교회의 중고등부 성가대 수련회를 갔을 때였다. 나는 그리스도인이 된 지 1년이 좀 넘었고, 하나님을 더 깊이 알려고 갈망했다. 우리 성가대가 저녁 예배 중에 찬양했는데, 내가 매우 좋아하는 곡을 불렀다.

나는 그날 밤에 특히 온 마음을 다해 찬양했다. 마치 그 곡이 나의 기도를 대변하는 것 같았다. 갑자기 내 양손에 강한 얼얼함이 느껴졌고, 나는 손을 움직일 수 없었다. 그 얼얼함은 재빨리 내 팔로 올라가 온 몸을 휩쓸기 시작했다. 나는 어느새 흐느껴 울기 시작했고, 멈출 수 없었다.

중고등부 부장 선생님이 내게 다가오셔서 강단을 떠나도 된다고 하셨다. 나는 우는 것 외에 아무것도 할 수 없었지만, 어떻게 가까스로 남자 화장실에 들어가서 계속 흐느껴 울었다. 하나님의 임재가 내게 너무나 생생하고 강해서, 나는 저절로 몸을 흔들며 울고, 마음에 기쁨이 넘치는 반응을 보였다. 주님께서 그 남자 화장실에서 내게 아름다운 선물을 주셨다. 나에게 성령으로 세례를 베푸셨다.

하나님의 뚜렷한 임재에 대한 몸의 반응: 성경의 예

하나님의 임재의 영광이 나타나고 있는 예배 장소에 들어가면 조금 혼란스러워 보일 수 있다. 어떤 사람들은 웃고, 어떤 사람들은 울거나 신음하고, 어떤 사람들은 몸을 떨고, 어떤 사람들은 가만히 있다. 그러나 그런 것들을 외적인 모습으로만 판단하면 오해할 수 있다. 그런 것을 비판하는 교계의 특정 그룹이 있다. 그들은 사람들이 지나친 행동에 휩쓸려들어 감정에 휘둘린다고 우려한다. 그들은 그런 행동들이 하나님으로부터 오지 않았다고 확신한다.

그러나 그들은 오순절 날에 무슨 일이 일어났는지 잊고 있는 것이다. 하나님께서 임하셔서, 다락방에 있는 120명의 제자를 성령으로 충만하게 하셨다. 그들이 너무나 이상하게 행동했기 때문에 지나가던 사람들은 그들이 술에 취했다고 오해했다. 그래서 베드로가 무리에게 "너희 생각과 같이 이 사람들이 취한 것이 아니라"고 설명해야 했다.

술 취한 사람들의 무리를 본 적이 있는가? 그들이 어떻게 보이는가? 어떤 사람들은 웃고, 어떤 사람들은 운다. 대부분이 서있거나 걷기가 어렵고, 몸을 흔들거나 떤다. 어떤 사람들은 고함을 지르고, 어떤 사람은 앉은 채 정신이 다른 데 가 있는 것 같아 보인다. 우리는 최소한 그런 행동들 중의 일부가 오순절에 일어났다고 추측할 수 있다. 지나가던 사람이나 구경꾼들이 제자들이 술 취했다고 생각한 것을 보면 그렇다.

성령 안에서 쓰러져 꼼짝 않고 누워 있는 사람들은 어떤가? 그것이 주님의 나타난 임재에 대한 적절한 반응이라는 신뢰성 있고 직접적인 증언이 있다. 사도 요한은 밧모 섬에서 이렇게 썼다. "내가 볼 때에 그의 발 앞에 엎드러져 죽은 자같이 되매"(계 1:17).

이런 것들이 하나님으로부터 온 것일 수 있는지 염려하는 사람이 있다면, 나는 마음의 눈으로 다시 보라고 권하고 싶다. 하나님 아버지께서는 너무나 사랑이 크시고 우리를 잘 아셔서, 우리가 하나님의 임재를 접할 때, 그 순간에 가장 필요로 하고 받아들일 수 있는 식으로 우리에게 사역하신다. 슬픔이나 염려에 지친 어떤 사람들에게는 거룩한 웃음으로 새로워지는 시간이 필요하다. 그때 하나님께 짐을 맡길 수 있음을 상기하게 된다.

어떤 사람들은 우는 시간을 통해 깊은 고통과 아픔을 풀어 놓을 수 있고, 성령의 위로의 팔에 안긴 것을 느낄 수 있다. 어떤 사람들은 누군가를 위해 중보하며 그들의 슬픔이나 고통에 들어간다. 그것은 주님께서 그들과 짐을 나누어 지는 것이다. 어떤 사람들은 하나님의 임재를 그저 맛보며 하나님의 아름다움을 바라본다.

성령의 나타남이라는 주제가 많은 그리스도인에게 생소하고 논란을 불러일으킨다. 캐나다 토론토 에어포트 크리스천 펠로십 교회의 존 아노트 목사는 '토론토 블레싱'이라고 알려진 부흥회를 12년간 이끌었다. 그때 하나님의 임재의 물리적 나타남이 여러 형태로 있었다. 그는 두 권의 책을 썼다. 『아버지의 축복』(The Father's Blessing), 『축복을 경험하라: 토론토의 간증』(Experience the Blessing: Testimonies from Toronto)은 이런 현상의 유형들을 묘사하고 성경적으로 설명한다. 이런 영역에 대한 깊은 지식을 얻고 싶은 독자들에게 이 책들을 진심으로 추천한다.[1]

내가 확실히 알며, 거듭 보아 온 것이 있다. 하나님의 임재를 만나는 모든 사람은, 어떤 현상이 나타나든 상관없이, 새로워지고, 힘을 얻고, 용기를 얻고, 종종 상당히 변화되고, 늘 하나님의 사랑을 확신하게 된다.

임재의 목적

하베스트 락 교회에서는 하나님의 임재를 모든 집회마다 환영한다. 우리는 하나님께서 임하실 것을 기대하고, 하나님께서 하시려는 일을 결코 속단하지 않는다. 우리는 하나님의 임재의 영광으로 만져지기를 원한다. 왜냐하면 그것은 우리가 하나님의 자녀라는 인식을 새롭게 해주기 때문이다.

우리의 경험을 통해 배운 것이 있다. 하나님은 부재하는 부모가 아니시다. 하나님께서는 자녀들과 자주 친밀히 만나기를 원하신다. 종종 하나님의 임재 안에서, 자녀들은 하나님의 소명에 대한 예언적 통찰을 받거나, 자유케 하는 깊은 내적 치유를 경험한다. 그리고 또한 하나님의 계획과 목적의 비밀을 계시 받아서, 하나님을 더 깊이 알게 된다.

마지막으로 우리는 하나님을 예측할 수 없다는 것을 배웠다. 그것은 하나님과의 동행을 더 새롭고 흥미진진하게 한다. 『나니아 연대기』에서 한 어린이가 그리스도의 모형인 아슬란에 대해 말했다. "그는 좋은 사자이지만, 길들여진 사자는 아니야." 하나님의 임재를 만날 때 우리는 성숙해지고, 빚어지고, 그리스도의 형상으로 화한다. 우리가 각자, 그리고 함께 성장할 때, 하나님께서 우리를 풍성한 삶으로 회복시키시고, 하나님의 마음의 갈망을 우리가 수행하도록 우리를 구비시키신다.

우리가 주변 세상을 변화시킴으로써 땅 위에 하나님 나라를 도래시키기를 하나님께서 원하신다. 이 책의 나머지 부분에서는 하나님의 영광을 더 깊이 살펴보고, 우리 안에 하나님의 목적이 성취되는 것에 대해 더 깊이 살펴볼 것이다.

3장 영광은 하나님의 선하심을 계시한다

나는 목사의 아들로 태어나 어린 시절을 교회에 앉아 예수님에 대한 설교를 들으며 보냈다. 그러나 10대가 되어서는 마약, 술, 파티로 가득한 삶을 살았다. 나의 삶은 외면적으로 신나고 재미있어 보였지만, 내면적으로 공허함과 좌절을 느꼈다.

　　내가 열일곱 살이던 어느 날 저녁에 나는 친구의 집에서 열리는 파티에 갔다. 거기서 나는 맥주와 대마초에 흠뻑 빠졌다. 그러나 몇 시간 후 나는 파티 분위기에 지쳤다. 나는 이상하게 혼자이며 공허하다는 느낌이 들어서, 비어 있는 방으로 들어가 문을 닫았다. 나 자신이 어떻게 할 수 없는 감정에 압도되어, 나도 모르게 하나님께 부르짖었다.

　　"주님, 당신이 계신지 모르겠습니다. 그러나 만일 당신이 계신다면, 만일 어릴 때 부모님이 제게 말했듯이, 당신께서 저의 죄를 위해 돌아가셨고, 천국과 지옥이 있는 것이 사실이라면, 당신을 저에게 나타내 주세요. 진리를 저에게 계시해 주시기를 원합니다."

　　그 순간 나는 따뜻함과 사랑이 쇄도해 내 몸을 감싸는 것을 느꼈다. 그것은 내가 일찍이 경험한 적이 없는 것이었다. 갑자기 내 생각이 분명해졌고, 예수님이 실재하신다는 것을 알게 되었다. 그분이 나를 얼마나 사랑하시는지에 감격한 나는 울음을 주체할 수 없었다. 예수님에 대한 계시로 충만해진 나는 기쁨을 억누를 수 없었다. 나는 즉시 친구들에게 말하러 달려갔다.

"애들아, 우리 모두가 찾는 것을 발견했어. 바로 예수님이야! 예수님이 오늘 저녁에 나에게 나타나셨어." 친구들은 내가 대마초를 너무 많이 피웠다는 듯이 바라보았다. 그들은 말했다. "걱정하지 마, 체, 내일 아침이면 괜찮을 거야."

그러나 사흘 동안 나는 눈물을 멈출 수 없었다. 그때 하나님의 사랑의 물결이 나를 씻어 주었다. 2주 후에 나는 삶을 예수님께 드리기로 결단했고, 마약과 이전의 생활에서 해방되었다.

하나님께서 나타나실 기회를 드렸을 때, 하나님께서 임재를 나타내셨고, 나를 사랑과 기쁨과 자비와 선하심의 심오한 경험 속에 잠기게 하셨다. 그 순간부터 내 삶은 전과 달라졌다.

당신의 영광을 내게 보이소서

하나님의 영광은 하나님의 핵심 본질과 성품을 나타낸다. 그것은 하나님의 선하심, 인자하심, 사랑, 긍휼을 포함한다. 하나님께서 모세와 교제하신 놀라운 이야기를 살펴볼 때, 우리는 그것에 대한 계시를 얻을 수 있다.

성경은 모세가 하나님과 얼마나 친밀했는지, 그 당시 어느 누구도 견줄 수 없는 특별한 유대관계를 가졌다고 말씀한다. 이스라엘의 광야 여정 중에, 모세는 장막에서 하나님을 만났다. 성경에 따르면, 그 친밀함이 너무나 커서, 하나님께서 친구와 얘기하시듯, 모세와 얘기하셨다.

하나님과의 관계가 다른 사람들을 능가했음에도 불구하고, 모세는 주님에 대해 여전히 갈급해서, 주님을 더 원했다. 그래서 모세는 이런 대담한 요청을 했다.

"주의 영광을 내게 보이소서"(출 33:18).

그러자 주께서 대답하셨다.

"내가 내 모든 선한 것을 네 앞으로 지나가게 하고 여호와의 이름을 네 앞에 선포하리라 나는 은혜 베풀 자에게 은혜를 베풀고 긍휼히 여길 자에게 긍휼을 베푸느니라"(출 33:19).

하나님께서 이렇게 말씀하셨을 수도 있다. "내가 내 정의를 네 앞으로 지나가게 하리라." 혹은 "내가 내 전능함을 네 앞으로 지나가게 하리라." 그러나 그 대신에 주님께서는 "내가 내 모든 선한 것을 네 앞으로 지나가게 하리라"고 구체적으로 말씀하셨다. 하나님의 성품 중에서 모세에게 가장 계시하고 싶어 하셨던 것은 하나님의 선하심이었다. 하나님께서 무엇보다도, 하나님의 선하심을 모세와 이스라엘에게 붓기 원하셨다. 그리고 그것을 하나님의 종이 알기를 원하셨다.

하나님의 영광이 임할 때, 하나님의 모든 선하심이 임한다. 하나님의 선하심이 임할 때, 자비와 긍휼과 사랑과 치유가 있다. 우리 하나님은 선하신 하나님이시다.

당신의 선하심을 내게 보이소서

예수 그리스도: 하나님의 선하심을 육신으로 나타내심

하나님께서 인간과 만나신 어떤 이야기보다, 예수 그리스도의 삶과 사역 속에 하나님의 선하심을 분명히 보여 주셨다. 예수님은 하나님의 선하신 영광을 궁극적으로 나타내시는 분이시다.

> 말씀이 육신이 되어 우리 가운데 거하시매 우리가 그의 영광을 보니 아버지의 독생자의 영광이요 은혜와 진리가 충만하더라…본래 하나님을 본 사람이 없으되 아버지 품속에 있는 독생하신 하나님이 나타내셨느니라
> 요한복음 1:14, 18

우리가 예수님의 행하심을 읽을 때, 우리에 대한 하나님의 의도가 드러난 것을 볼 수 있다. 예수님께서는 이사야 선지자의 말을 인용해 자신의 사역을 설명하셨다.

> 선지자 이사야의 글을 드리거늘 책을 펴서 이렇게 기록된 데를 찾으시니 곧 주의 성령이 내게 임하셨으니 이는 가난한 자에게 복음을 전하게 하시려고 내게 기름을 부으시고 나를 보내사 포로 된 자에게 자유를, 눈 먼 자에게 다시 보게 함을 전파하며 눌린 자를 자유롭게 하고 주의 은혜의 해를 전파하게 하려 하심이라 하였더라 누가복음 4:17-19

예수님께서는 가시는 곳마다 사람들을 고치시고, 그들이 용서받았음을 알려 주시고, 하나님 아버지께서 그들을 사랑하시고 돌보신다고 말씀하셨다. 예수님께서는 죽은 자를 살리시고, 폭풍을 잠잠하게 하시고, 굶주린 무리를 먹이기 위해 양식을 늘리셨다. 성경은 예수님께서 사람들을 보시고 긍휼히 여기셨다고 거듭해서 말씀한다. 과거에 어떤 일을 했든, 예수님을 신실하게 찾는 사람을 예수님이 거절하지 않으셨다.

사도 베드로는 예수님에 대해 이렇게 말했다. "하나님이 나사렛 예수에게 성령과 능력을 기름 붓듯 하셨으매 그가 두루 다니시며 선한 일을 행하시고 마귀에게 눌린 모든 사람을 고치셨으니 이는 하나님이 함께 하셨음이라"(행 10:38). 만일 우리가 하나님의 선하심을 이해하기 원한다면, 오직 예수님만 보면 된다. 예수님의 삶, 우리를 위한 희생의 죽음, 우리를 죄와 사망에서 해방시키기 위한 부활은 하나님께서 우리에게 정말로 선하시다는 증거이다.

하나님은 선하신 하나님이시다

나의 가족과 나는 지난 세월 동안 하나님의 선하심을 많은 방식으로 경험해 왔다. 그중에서도, 우리 딸에게 큰 교통사고가 났을 때 하나님의 선하심이 강력하게 나타났다. 차가 완파되어 아코디언처럼 구겨졌지만, 우리 딸은 긁힌 자국 하나 없이 차에서 걸어 나왔다. 아내와 나는 그 차를 보고서, 우리 자녀를 보호하심에 나타난 하나님의 선하심과 자비에 눈물을 쏟았다.

하나님께서는 하나님의 본질을 우리에게 계시하시고, 하나님의 선하심을 우리 삶에 부어 주기 원하신다. 그러나 우리 중의 어떤 사람들은 하나님의 선하심을 인식하지 못하고, 온전히 이해하지 못한다. 어쩌면 큰 비극을 겪고 절망한 나머지, 하나님께서 우리를 버리셨고 혼자라고 느낄 수 있다. 우리는 하나님께 화나거나 분개해서, 왜 그렇게 고통스럽고 힘든 일이 우리에게 일어나도록 허락하시냐고 할지 모른다.

그러나 하나님이 우리의 비극, 고통, 질병을 일으키시지 않는다는 것을 인식해야 한다. 사도 바울이 설명했다. "내 사랑하는 형제들아 속지 말라 온갖 좋은 은사와 온전한 선물이 다 위로부터 빛들의 아버지께로부터 내려오나니 그는 변함도 없으시고 회전하는 그림자도 없으시니라"(약 1:16-17).

우리에 대한 주님의 의도와 행하심은 선하시다. 그러나 악하고 무자비한 우리의 원수는 우리가 절망하고 하나님께 버림받았다고 느끼기를 원한다. 사탄은 하나님의 사랑에 대한 의심으로 우리를 공격해서, 우리의 고통이 하나님으로부터 왔다고 믿게 하려고 한다. 그러나 예수님께서는 자신의 의도와 행함이 사탄과 반대된다고 말씀하셨다. "도둑이 오는 것은 도둑질하고 죽이고 멸망시키려는 것뿐이요 내가 온 것은 양으로 생명을 얻게 하고 더 풍성히 얻게 하려는 것이라"(요 10:10). 우리는 확신할 수 있다. 우리에게 풍성한 삶을 주는 모든 것은 하나님으로부터 왔고, 나머지 다른 모든 것들은 다른 악한 원천에서 나왔다.

그러나 우리가 하나님의 선하심을 알아도 때로 실망할 수 있다. 우리가 어떤 상황이 변화되기를 기도해도, 아무 일도 일어나지 않는 것 같을 수 있다. 그것이 이뤄지기를 기다리는 동안, 우리는 지치고 의심까지 생겨서, 우리의 기도가 응답되지 않는다고 결론을 내릴 수 있다. 그런 때 우리는 하나님이 멀리 계시며 우리의 필요에 무관심하시다고 느낄 수 있다. 그러나 그것처럼 사실과 거리가 먼 것은 없다. 히브리서 저자는 말한다. 예수님께서는 인간이 되심으로써 우리의 어려움에 동정하시고 우리의 약점과 결점을 이해하신다(히 2:14 참조). 더구나 예수님께서 우리의 기도를 친히 아버지께 가져가셔서 우리를 위해 중보하신다(히 7:25 참조).

오래 기다린 기도 응답은 우리가 기대했던 것보다 더 큰 결과를 낳는 경우가 종종 있다. 우리가 구원에 대한 믿음을 견지해야 하듯이(그 믿음은 보이지 않지만 실재이다), 우리는 하나님의 본질이 선하실 수밖에 없다는 약속 위에 서기를 선택해야 한다. 어쩌면 당신은 바로 지금 특히 어려운 때를 지나고 있고, 재정적 해결책이나 육체의 치유나 관계의 회복이 필요할 것이다. 나는 당신이 믿음 안에 인내하기를 권한다. 하나님께서 이렇게 해결을 약속하셨다. "저녁에는 울음이 깃들일지라도 아침에는 기쁨이 오리로다"(시 30:5).

해결의 때

나는 젊은 그리스도인일 때 이 심오한 진리를 개인적으로 체험했다. 결혼 초기에 수와 나는 빌리 그레이엄 영화를 보며 팝콘을 먹고 있었다. 그때 갑자기 내 턱 관절에서 소리가 나며 예리한 고통이 엄습했다. 내 턱 관절은 2-3센티미터밖에 열리지 않았다. 나는 화장실로 가서 입을 벌려 보려 했지만 소용없었다. 그 날 밤에 자기 전에, 수와 나는 턱의 치료를 위해 기도했다. 나는 하나님께서 기도에 응답하실 것을 확신했다. 왜냐하면 전에도 하나님께 치유를 간구해서 응답받은 적이 있었기 때문이다. 또한 나는 지역 교회의 치유 사역을 하면서 다른 사람들도 신유를 받는 것을 보았다. 그러나 다음날 아침에 일어났을 때 내 턱은 여전히 고통 속에 닫혀 있었다.

나는 굴하지 않고 매일 기도했다. 1주일 동안 아무 변화가 없자, 나는 이비인후과 의사인 처남에게 진찰을 받기로 했다. 그는 즉시 턱관절 증후군이라고 진단을 내렸다. 어떻게 하면 치료할 수 있냐고 묻자, 그는 효과적인 치료법이 없다고 말했다. 수술이 최후의 방편

이 되더라도, 평생 그 질환을 견뎌야 한다고 했다. 나는 조금 실망하고 혼란에 빠져서 돌아갔다. 나는 하나님이 치료자시라는 것을 알았다. 그런데 왜 나는 치료되지 않는가? 나는 평생 부드러운 음식만 먹으며 살고 싶지 않았다. 내가 좋아하는 음식 중 하나는 맛있는 스테이크였다!

며칠 동안 나는 자신을 측은히 여기고 하나님께 불평하려는 유혹을 받았다. 그러나 그 대신에, 나는 하나님의 임재에 잠겨 예수님께서 사람들을 치료하시는 복음서의 이야기들을 읽었다. 기도하고 성경을 읽는 그 기간 동안, 치료가 나의 것이라는 절대적 확신이 내 안에 깊이 일어났다. 벌어지지 않는 고통스러운 턱 관절을 거울 속에서 볼 때마다, 나는 하나님을 찬양하고, 하나님께서 나를 치료하심을 감사하기로 결정했다.

나는 18개월 동안 하루에도 몇 번씩 그렇게 했다. 그러다 어느 날 아침에 일어난 나는 하품을 하다가 입이 다 벌어지는 것을 깨닫고 깜짝 놀랐다. 그 순간 나는 치료되었고, 턱관절 증후군이 다시는 재발하지 않았다.

그 기도 응답이 왜 그렇게 오래 걸렸는지 나는 모른다. 중요한 것은 내가 하나님의 선하심을 신뢰하고 치유에 대한 하나님의 약속을 믿기로 선택했다는 것이다. 아무것도 변하지 않을 때도 나는 꾸준했다. 때로는 실망이 되고 포기하고 싶었지만, 나는 결코 포기하지 않았다.

당신이 무엇에 직면하고 있든, 하나님의 선하심을 믿기를 선택하기 바란다. 하나님은 신실하시며 하신 말씀에 대해 진실하시다. 당신은 모든 것에 대해 하나님을 신뢰할 수 있고, 그분이 모든 것으로 합력해 선을 이루심을 알아야 한다(롬 8:28 참조). 갈라디아서에서 사도 바울이 우리 모두를 격려한다.

"자기의 육체를 위하여 심는 자는 육체로부터 썩어질 것을 거두고 성령을 위하여 심는 자는 성령으로부터 영생을 거두리라 우리가 선을 행하되 낙심하지 말지니 포기하지 아니하면 때가 이르매 거두리라"(갈 6:8-9).

하나님의 선하심은 여러 모습으로 가장되어 나타난다

종종 무엇이 좋은지에 대한 우리의 생각 때문에 하나님께서 우리에게 내려주시려는 더 큰 선을 보지 못한다. 때로는 하나님의 선하심이 우리 삶 속에 이미 있지만, 우리가 그 선하심을 알아보지 못할 수 있다.

선교사 데이비드 리빙스턴의 이야기를 생각해 보라. 로버트 루이스와 웨인 코데이로 목사가 우리 교회에서 열린 컨퍼런스에서 그 이야기를 했다.

리빙스턴은 위대한 아프리카 선교사 중 한 명이었다. 우리가 런던 관광을 할 때, 리빙스턴이 안장된 웨스트민스터 사원을 방문할 기회가 있었다. 그는 영국에 매장됐지만, 그의 심장만은 중앙아프리카에 묻혔다.

그가 1840년에 아프리카에 처음 도착했을 때, 한 추장이 지배하는 영역에 있었다. 그 지역에서 다니려면 추장과 동맹을 맺어야 했다. 그렇지 않으면 언제 죽음을 당할지 몰랐다. 그래서 그는 추장을 만나기로 합의했다.

그 지역의 전통에 따라 추장이 리빙스턴의 물건 중에서 무엇이든 요구할 수 있었다. 그래서 리빙스턴은 소유한 모든 것을 내놓았다. 옷, 책, 시계, 심지어 그의 위장병 치료를 위해 마실 젖을 생산하는 염소까지 내놓았다. 리빙스턴이 내놓은 모든 것 중에서 추장이 하필이면 염소를 골랐다. 그 대신에 추장은 리빙스턴에게 지팡이를 주었다.

리빙스턴은 매우 속상한 마음으로 회의를 끝냈다. 그는 하나님께 불평했다. "하나님, 이건 공정하지 않아요! 저는 위장 때문에 그 염소가 필요해요. 다른 것이라면 뭐든 기꺼이 줬을 거예요. 게다가 대신 받은 것은 이 막대기뿐이에요."

리빙스턴은 외국에 있었고, 가장 필요한 것마저 빼앗겼다. 그는 그 순간에는 그 교환이 유익하다고 믿기 어려웠다. 왜 하나님께서 그런 일이 일어나도록 놔두셨을까?

나중에 리빙스턴이 알게 된 사실은 추장이 준 지팡이가 추장의 권위를 상징한다는 것이었다. 그것 때문에 리빙스턴은 어느 마을에 가든 환영과 보호를 받았다. 그 교환 덕분에 그는 죽는 날까지 아프리카에서 복음을 전할 수 있었다.[1]

하나님의 선하심에 대한 얼마나 놀라운 간증인가? 리빙스턴처럼, 많은 사람들이 왕의 홀을 가지고도 지팡이로만 본다. 우리 삶 속에서 하나님의 선하심을 보려면 계시가 필요하다. 사실 하나님의 선하심이 우리 주변에 가득하다. 우리가 잃은 '염소', 혹은 우리가 빼앗긴 것, 우리에게 없는 것에 초점을 맞추는 대신에, 하나님의 선하심을 믿고, 하나님을 사랑하는 자들에게 유익하도록 역사하시는 하나님을 신뢰하자. 그렇게 할 때, 리빙스턴의 경우처럼, 하나님의 선하심이 우리 삶 속에 드러나는 것을 볼 것이다. 나는 그것을 직접 경험했다. 하나님께서 그분의 성품의 영광을 내게 처음 계시하신 열일곱 살 때부터 지금까지, 나는 내 삶 속에서 하나님의 선하심의 물결을 거듭 경험했다.

선하심이 드러남

1994년 1월 20일에 하나님께서 캐나다 토론토에 특별하게 성령을 부으셨다. 토론토 공항 그리스도인 펠로십 교회가 세계적 부흥의 중심지가 되어, 12년 동안 400만 명이 넘는 사람들이 그곳을 방문했다. 나는 하나님의 영광을 경험하려고 1994년 10월에 그곳으로 갔다. 그 해 초에 나는 빈야드 컨퍼런스에 참석해서 하나님의 영광이 내 몸을 강력하게 만지시는 것을 경험했다. 하나님의 영광이 나를 쓰러뜨리시고 내 몸을 흔들었다. 또한 나는 거룩한 웃음의 환희를 경험했다. 그것이 너무 강렬해서 나는 옆구리가 터지는 줄 알았다.

그 경험은 즐거웠고 내 삶을 변화시켰다. 나는 토론토로 가면서 똑같은 일을 더 크게 경험할 것이라고 예상했다.

그러나 하나님께서 토론토에서는 하나님의 영광을 다르게 나타내셨다. 그것은 내가 결코 기대하지 못한 것이었다. 그 교회에서 성령의 능력 하에 조용히 누워 있을 때, 하나님께서 내 마음속에 여전히 쓴 뿌리가 있다는 것을 계시하셨다. 그것은 아버지와의 관계에서 생긴 상처와 관련되었다. 어린 시절의 나는 잘못된 행동이나 나쁜 점수로 인해 아버지께 신체적 징벌을 받을 때 거절감 때문에 상처를 받았다. 모르는 새에 그 거절감이 나의 다른 관계들에도 부정적인 영향을 주고 있었다.

토론토에서 그 날 저녁에 하나님께서 내 마음속의 그 상처들을 초자연적으로 치료하셨다. 그래서 아버지와의 관계가 달라졌다. 1996년 11월에 아버지와 과거에 대한 이야기를 나누고 완전히 화해할 수 있도록 하나님께서 우리에게 문을 열어 주셨다. 지금 나와 아버지는 활짝 열린 사랑의 좋은 관계를 가지고 있다.

나는 아버지를 지극히 존경하며, 그가 아버지와 목사로서 가족을 위해 하신 모든 희생에 감사한다. 하나님의 선하심 덕분에, 이제 나는 항상 바라던 부자관계를 가질 수 있게 되었다. 성경은 그런 유형의 치료가 우리 삶에 대한 하나님의 뜻이라고 말씀한다. "그가 아버지의 마음을 자녀에게로 돌이키게 하고 자녀들의 마음을 그들의 아버지에게로 돌이키게 하리라" (말 4:6).

하나님께서 그 모든 선하심으로 아내 수와의 결혼생활도 회복시키셨다. 부모님이 나를 거절하셨다고 판단했었기 때문에 나도 비슷하게, 모르는 새에 수를 거절해서 뜻하지 않게 우리 관계에 큰 고통을 초래하고 있었다. 성경은 그런 것에 대해 경고한다. "비판을 받지 아니하려거든 비판하지 말라 너희가 비판하는 그 비판으로 너희가 비판을 받을 것이요 너희가 헤아리는 그 헤아림으로 너희가 헤아림을 받을 것이니라"(마 7:1-2). 내가 우리의 결혼생활 속에 불화와 거절의 씨를 뿌렸기 때문에 수는 상처를 받았고, 다시 나를 거절하기 시작했다.

나의 아버지가 내게 용서를 구한 그 날, 하나님께서 내 마음속에 엄청난 치유를 일으키셔서 내 삶을 지배하던 거절의 영이 깨어졌다. 그 화해의 결과로 나도 그런 사랑과 용납을 수에게 줄 수 있게 되었다. 하나님께서 우리의 결혼생활을 하나님의 선하심에 따라 새롭게 하셨고, 우리의 결혼생활은 지금 이전 어느 때보다 좋다. 하나님과 서로에 대한 우리의 사랑은 매일 깊어지고 있다.

가장 큰 사랑

내 삶은 하나님의 선하심의 증거였다. 주께서 내게 주신 모든 축복에 대해 그분께 찬양과 영광을 돌린다. 그러나 무엇보다 가장 큰 하나님의 선물은 예수 그리스도를 통한 하나님의 선하심이라는 무궁한 선물이다. 예수님은 인간의 형체로 우리에게 나타나신 하나님의 선하심이다.

나는 바울이 에베소서에 쓴 기도로 당신을 위해 기도한다.

우리 주 예수 그리스도의 하나님, 영광의 아버지께서 지혜와 계시의 영을 너희에게 주사 하나님을 알게 하시고 너희 마음의 눈을 밝히사 그의 부르심의 소망이 무엇이며 성도 안에서 그 기업의 영광의 풍성함이 무엇이며 그의 힘의 위력으로 역사하심을 따라 믿는 우리에게 베푸신 능력의 지극히 크심이 어떠한 것을 너희로 알게 하시기를 구하노라

에베소서 1:17-19

예수 그리스도를 영접하는 것은 하나님께서 사람에게 주신 최고의 선물을 받는 것이다. 우리는 영생을 얻을 뿐 아니라, 살아 계신 하나님의 아들과 딸이 된다. 예수님께서 십자가의 죽음을 통해 우리 죗값을 치르셔서, 우리가 하나님 아버지와 함께 천국의 영생에 나아가게 하셨다. 그것은 죽고 나서만이 아니라 이 삶에서도 마찬가지이다. 성경은 말씀한다. "또 함께 일으키사 그리스도 예수 안에서 함께 하늘에 앉히시니"(엡 2:6). 이것은 하나님의 자녀인 우리가 천국과 하나님의 영광 안으로 지금 나아갈 수 있다는 의미이다. 우리는 하늘에 있는 하나님의 선하심을 땅으로 불러 내릴 능력을 받았다.

당신은 하나님의 영광을 영원의 세계에서만이 아니라, 지금 이 땅 위에서 경험할 수 있다. 내 삶에서 경험한 모든 좋은 것이, 영광

의 소망이신 당신 안의 그리스도로 말미암아 당신에게도 이뤄질 수 있다. 예수 그리스도를 영접하고 하나님의 성품에 대한 약속들 위에 서면 그분의 선하심을 비롯한 하나님의 영광이 우리 삶에 나타난다.

만일 당신이 예수 그리스도를 영접하려는 결정을 아직 하지 않았다면, 지금 그렇게 하라고 권하고 싶다. 하나님께서 선하신 영광을 당신에게 베풀고 싶어 하시지만, 그러려면 당신이 하나님의 사랑의 초청에 응해야 한다. 그것은 매우 간단하다. 다음의 짧은 기도를 하면 된다.

예수님, 저의 죄를 위해 죽으시고 사흘 만에 죽음에서 살아나심을 감사합니다. 예수님, 저는 완전하지 못한 사람이었습니다. 저의 죄와 이기심을 용서해 주심을 감사합니다. 저의 온 마음을 당신께 드립니다. 제 삶의 주인이 되어 주십시오. 당신의 도움을 힘입어 당신을 따르며, 나의 평생의 모든 날을 당신께 맡기겠습니다. 당신의 선하심을 제 삶에 베풀어 주셔서 감사합니다.

예수님의 이름으로 기도합니다. 아멘.

4장 영광은 하나님의 부활의 능력이다

하나님의 영광이 부활의 능력으로 나타난 것을 내가 처음 극적으로 경험한 적이 있다. 그때 나는 불과 열아홉 살의 어린 신자였다. 나는 피츠버그 은사 컨퍼런스에 가는 중이었고, 한 연로한 목사님이 고속도로로 차를 운전해 우리를 데려가고 계셨다. 그러다 우리는 고속도로의 반대 차선에 큰 교통사고가 일어난 것을 보았다. 어떤 남자가 자살하려고 고속도로에 뛰어든 것이었다.

목사님은 차를 갓길에 세웠다. 몇 사람이 현장에 있었지만, 구급차나 경찰은 없었다. 목사님은 나에게 현장에 가서 구조대를 불렀는지 알아보라고 했다.

고속도로를 건너며 보니, 한 사람이 사고현장 근처에 표식을 세워 교통을 통제하고 있었다. 나는 그에게 물었다. "뛰어든 사람이 죽었어요?"

"예"라고 그가 대답했다. 처음에 나는 곧바로 돌아가서 목사님에게 그 사람이 죽었다고 말하려고 했지만, 이상하게 더 물어봐야겠다는 느낌이 들었다.

나는 교통을 정리하고 있는 다른 사람에게 다가가 "그 사람이 죽었어요?"라고 물었다.

그 사람은 설명했다. "한 간호사가 도와주려고 차를 세웠는데, 희미한 맥박을 감지했대요. 구급차가 지금 오고 있어요."

나는 그 소식을 목사님에게 전해 주려고 차로 돌아가려 했다. 그때 성령께서 내게 말씀하셨다. "그 몸을 위해 기도하라."

이미 그 주변에 사람들이 모여들었다. 나는 새 신자였고, 그 상황에 어떻게 다가가야 할지 몰라서 두려웠다. 나는 소란을 일으키고 싶지 않았다.

나는 성령께 순종해야 한다는 것을 알았다. 그 사람의 손상된 모습은 내가 그때까지 본 것 중 최악의 경악스러운 것이었다. 주변에 피와 소변이 낭자했고, 나는 그렇게 손상된 몸에 희미한 맥박이나마 남아 있다는 것이 놀라웠다. 아무도 그를 만지려 하지 않았다. 그랬다가 책임져야 할지 몰랐기 때문이다. 그러나 주님께서 내게 그 사람에게 손을 얹으라고 하셨기 때문에 나는 양해를 구하고 사람들 사이를 지나가 그 사람 옆에 무릎을 꿇었다. 나는 조용히 방언으로 기도하기 시작했다.

기도하는 동안, 주님께서 내게 말씀하시는 것이 들렸다. "네가 영어로 기도하지 않으면, 어떻게 이 상황 속에서 내가 영광을 받겠니?" 나는 한국계 미국인이므로 사람들이 내가 한국어를 말하는 줄 알 것이라는 생각이 들었다.

나는 영어로 바꾸어 기도하기 시작했다. 내가 한 기도는 간단하고 복음적이었다. "주님, 당신은 사람들을 사랑하시는 하나님이십니다. 당신께서 우리 죄를 위해 죽으셨습니다. 예수님의 이름으로 이 사람을 일으키셔서 당신의 능력을 나타내소서."

내가 기도를 마친 순간, 그 사람이 의식을 회복해 고개를 들고 나를 보았다. 그러자 모든 사람이 깜짝 놀라 탄성을 질렀다. 그들은 그 사람이 의식이 없다가 나의 기도 후에 의식이 돌아오는 즉각적인 반응을 목격했다. 그 직후에 구급차가 도착했다.

그것은 내가 개인적으로 목격한 일 중에 죽은 자를 일으키는 것에 가장 근접한 사건이었다. 약한 맥박으로 죽음에 가까웠던 사람이 성령의 능력으로 의식을 되찾았다. 그것은 부활의 능력이 구원과 함께 풍성한 생명을 가져온다는 첫 교훈이었다. 그리스도께서 십자가에서 이루신 일 때문에 그것이 우리에게 가능하다.

우리 안의 능력

하나님의 영광은 나타난 임재라고 앞에서 이미 정의했다. 그것은 하나님의 선하심을 드러내고, 표적과 기사와 기적을 통해 하나님의 능력을 나타낸다. 하나님의 영광이 계시될 때, 하나님의 능력이 종종 다양한 방식으로 나타난다. 홍해를 가를 수도 있고, 폭풍을 잠잠케 할 수도 있고, 석판에 율법을 새길 수도 있고, 음식이 늘어나 무리를 먹일 수도 있다.

이 장에서는 병자를 고치고 심지어 죽은 자까지 일으키는 하나님의 부활의 능력에 초점을 맞추려 한다. 이 능력이 신자들에게 이용될 수 있지만, 전체 교회의 큰 부분이 이것의 실체를 모르거나 이용할 줄 모르고 있다. 이 능력을 이해하는 것이 중요하다. 주님께서 우리에게 그것을 사용하라고 명령하셨기 때문이다.

마태복음 10장 7-8절에서 예수님께서 제자들을 보내, 주변 세상에서 실습하게 하셨다. "가면서 전파하여 말하되 천국이 가까이 왔다 하고 병든 자를 고치며 죽은 자를 살리며 나병환자를 깨끗하게 하며 귀신을 쫓아내되 너희가 거저 받았으니 거저 주라."

우리는 그 때 제자들에게만 그 지시를 주셨다고 생각하려는 유혹을 받을 수 있다. 그러나 예수님께서 승천하시기 전에 제자들에게 비슷한 명령을 하셨다. "너희는 온 천하에 다니며 만민에게 복음을 전파하라…믿는 자들에게는 이런 표적이 따르리니 곧 그들이 내 이름으로 귀신을 쫓아내며 새 방언을 말하며 뱀을 집어 올리며 무슨 독을 마실지라도 해를 받지 아니하며 병든 사람에게 손을 얹은즉 나으리라 하시더라"(막 16:15, 17-18).

이 두 본문의 비슷한 명령에 주목하라. 우리는 복음을 전파해야 하며, 우리가 '좋은 소식'을 선언할 때 병자를 치료하시고 죽은 자를 살리시는 하나님의 능력이 수반되어 나타나야 한다. 그 패턴은 제자들에게 생소하지 않았다. 그들은 그리스도의 사역 중에 매일 그것을 목격했다. 세례 요한의 제자들이 예수님께 와서 예수님이 누구시냐고 물었을 때, 그리스도께서 이런 말로 자신의 사역을 요약하셨다. "너희가 가서 듣고 보는 것을 요한에게 알리되 맹인이 보며 못 걷는 사람이 걸으며 나병환자가 깨끗함을 받으며 못 듣는 자가 들으며 죽은 자가 살아나며 가난한 자에게 복음이 전파된다 하라"(마 11:4-5).

구원의 능력인 영광

모든 신자가 하나님의 구원의 능력을 직접 경험한다. 초자연적 역사로 하나님께서 우리를 죄와 사망에서 해방시키시고, 예수 그리스도를 믿음을 통해 우리에게 생명을 주셔서 우리가 거듭난다. 그리고 우리를 어둠에서 빛으로 이끄시며, 우리는 우리 자신과 주변 세상을 새롭게 보게 된다.

어떤 사람들은 기적적인 변화를 겪는다. 중독 등의 어려움에서 해방되고 목적이 있는 새 삶을 시작하게 된다. 그들의 극적인 변화를 주변 모든 사람이 분명히 볼 수 있다. 그러나 많은 신자들이 하나님의 능력의 영광을 만나는 것은 거기서 끝나고 만다. 그리스어로 '구원'을 의미하는 **소테리아**는 구원만이 아니라, 치료와 해방도 의미한다는 것을 많은 사람들이 모른다. 그리스도의 죽음과 부활은 구원과 함께, 치료와 억압으로부터의 해방까지 우리에게 주었다. 그 모든 것이 구원의 선물 안에 포함되며, 하나님께서 은혜로 우리에게 거저 주시는 것이다.

그 부활의 능력이 가장 크게 나타난 것은 예수 그리스도께서 십자가에 못 박히시고 성령을 통해 하나님의 능력으로 살아나셨을 때였다. 바울은 에베소 교회를 위한 편지에 그것을 언급했다.

> 우리 주 예수 그리스도의 하나님, 영광의 아버지께서 지혜와 계시의 영을 너희에게 주사 하나님을 알게 하시고 너희 마음의 눈을 밝히사 그의 부르심의 소망이 무엇이며 성도 안에서 그 기업의 영광의 풍성함이 무엇이며 그의 힘의 위력으로 역사하심을 따라 믿는 우리에게 베푸신 능력의 지극히 크심이 어떠한 것을 너희로 알게 하시기를 구하노라 그의 능력이 그리스도 안에서 역사하사 죽은 자들 가운데서 다시 살리시고 하늘에서 자기의 오른편에 앉히사   에베소서 1:17-20

이 기도를 세분해서 바울이 우리를 위해 기도하는 모든 것을 살펴보자.

- ✖ 바울은 예수님을 죽은 자들 가운데서 다시 살리신 '능력의 지극히 크심'이 모든 신자에게 이용 가능하다고 선언한다.
- ✖ 바울은 이 위대한 능력이 우리에게 이용 가능함을 우리가 계시받도록 기도한다.

✲ 우리가 부름받은 소망과 우리의 풍성한 유산을 이해하는 지혜를 달라고 바울은 우리를 위해 기도한다.

그리스도 안에서 우리가 받은 것의 일부가 아닌, **전부**를 우리가 알고 적극적으로 소유하기를 하나님께서 원하신다. 우리가 받은 것 중에는 예수 그리스도를 구주로 영접하는 순간 우리 안에 거하는 하늘의 능력도 있다. 그러나 바울에 따르면, 그 능력을 우리의 일상생활 속에 실행하는 데 필요한 인식을 하려면 지혜와 계시의 영이 필요하다.

하나님께서는 결코 우리에게 불가능한 것을 명령하지 않으신다. 예수님께서 우리에게 병자를 고치고 죽은 자를 살리라고 명령하셨을 때, 그것은 우리 안에 거하는 예수님의 부활의 능력을 사용하라고 하신 것이다.

우리의 질병 정복하기

주님의 부활로 우리에게 영생을 주셨고, 우리는 그것에 대해 하나님께 감사한다. 우리가 그분을 믿으면, 영원히 살 것이다.

질병이 있는 많은 신자들에게 천국의 치유만이 유일한 미래의 희망이다. 그들은 생각한다. "휴거될 때까지, 혹은 내가 죽을 때까지 질병을 참으며 살 거야." 그러면서 그들은 "예수님을 위해 고난받고 있어"라거나 "나는 십자가를 지고 있어"라고 생각한다.

나는 우리가 그리스도의 제자로서 고통을 만날 것이라고 믿는다. 그러나 내가 볼 때, 신약성경의 고통은 핍박으로 말미암는다. 그것은 어떤 신자들이 정의한 것처럼, 질병을 육체의 가시나 져야 할 십자가로 보는 것이 아니다. 어떤 신자들은 질병의 고통을 시련으로 주셔서 우리의 인격을 다듬으신다고 믿는다. 그러나 내가 알기에 어떤 부모도 자녀에게 질병을 줘서 인격을 성장시킬 사람은 없다. 그런데 우리는 하나님 아버지를 바로 그렇게 생각한다.

하나님께서는 우리에게 질병을 주지 않으시고도 우리의 인격 성장을 도우실 수 있다. 물론 하나님께서는 우리가 거룩하기를 원하시지만, 하나님께서 우리를 거룩하게 하시려고 선택하시는 다른 방법들이 있다.

바울은 젊은 디모데에게 쓴 편지에서 하나님의 거룩한 성품 단련 방법이 무엇인지 분명히 가리킨다. "모든 성경은 하나님의 감동으로 된 것으로 교훈과 책망과 바르게 함과 의로 교육하기에 유익하니 이는 하나님의 사람으로 온전하게 하며 모든 선한 일을 행할 능력을 갖추게 하려 함이라"(딤후 3:16-17).

성경은 예수님께서 십자가에서 우리의 죄만이 아니라, 우리의 질병까지 정복하셨다고 말씀한다. 바울이 로마서 8장 11절에서 설명한다. "예수를 죽은 자 가운데서 살리신 이의 영이 너희 안에 거하시면 그리스도 예수를 죽은 자 가운데서 살리신 이가 너희 안에 거하시는 그의 영으로 말미암아 너희 죽을 몸도 살리시리라."

오랜 세월 동안 교회의 많은 사람들은 그 말씀을 이렇게 해석해 왔다. "당신이 죽으면, 하나님께서 당신의 몸을 일으키실 것이고, 당신은 천국에 갈 것입니다." 그러나 그 구절이 실제로 말하는 것은 우리 안에 거하시는 성령께서 우리의 죽을 몸에 생명을 주신다는 것이다. 그리고 그것이 이 땅 위의 삶에서 지금 일어난다는 것이다.

왜냐하면 지금이야말로 우리가 죽을 몸을 가진 유일한 때이기 때문이다. 우리의 죽을 몸은 천국의 삶이 필요하지 않다. 왜냐하면 천국에서는 우리가 죽을 몸을 갖지 않을 것이기 때문이다! 사도 바울에 따르면, 예수님을 부활시킨 영이 모든 신자 안에 거하셔서 우리의 죽을 몸에 생기를 주셔서 어떤 질병도 치료하신다.

내 말을 오해하지 말라. 나는 모든 신자가 가능한 모든 방법으로 질병과 싸우기를 바란다. 나는 질병과 싸우거나 병원에 가는 것을 정죄하지 않는다. 나는 의사의 필요성을 믿는다. 그러나 나는 또한 이렇게 믿는다.

우리는 우리 자신과 남들을 위해서 하나님의 초자연적이고 기적적인 치유가 나타나도록 애써야 한다. 우리는 초자연적인 삶을 살며, 하나님의 능력의 영광을 나타내야 한다. 예수님과 사도 바울에 따르면 그것이 성경적 기독교의 표준이다.

우리 중의 치유

우리가 주님과의 관계에 성장함에 따라, 우리는 그분의 영광과 능력을 어떻게 나누어 받는지 더 알게 된다. 우리가 성령 안에서 더 큰 권위로 행할 때, 치유를 포함한 표적과 기사가 우리 삶에 나타난다.

우리는 하베스트 락 교회에 이 일이 일어나는 것을 보고 있다. 우리는 치유가 지금 우리의 유업이라고 믿고 가르치며, 치유가 우리 중에 일어나기를 기대한다. 그리고 그런 일이 일어난다! 교회 예배 중이 아닐 때도 치유가 일어나는 일이 점점 늘어나고 있다. 최근의 몇 가지 예를 나누고자 한다.

암이 치료됨

우리 교회 신자인 리처드와 앤드리아 부부는 소그룹 리더들이 도시에 없는 동안인 2008년 1월의 어느 저녁에 소그룹 모임을 집에서 열었다. 그때 앤드리아의 어머니 버틸리아가 집에 머물고 있었다. 버틸리아는 유방과 폐의 암 진단을 받고, 시티 오브 호프 병원에서 치료를 받고 있었다. 그 날 저녁 소그룹 모임 멤버들은 버틸리아에게 기름을 붓고, 안수하며 기도했다. 즉시 그녀는 나아지는 것을 느꼈다.

다음주에 버틸리아는 시티 오브 호프 병원에 진료를 받으러 갔다. 그녀의 유방의 종양은 사과만 한 크기였다. 그러나 검진해 보니 몸에 암의 징후가 사라져 버렸다. 의사들은 정밀 검사를 수행하고서 멍울이 사라진 것에 놀랐다. 의사들의 설명은 "이런 일이 간혹 일어날 때가 있어요"라는 것뿐이었다.

하나님께서 버틸리아의 유방과 폐의 암을 모두 치료하셨다. 내가 강조하고 싶은 것은 나나 다른 목사, 혹은 소그룹 리더가 기도해서 나은 것이 아니라는 것이다. 우리 교회의 평신도 신자들이 기도했다. 하나님의 백성을 통해 하나님의 영광이 명백하고 단순하게 나타나 부활의 능력을 내보내 버틸리아의 암을 완전히 치료했다.

생명의 탄생

우리 교회의 또 다른 교인인 한나도 하나님의 치료와 회복의 능력을 통해 하나님의 영광으로 만짐을 받았다.

2007년 4월에 있었던 우리의 컨퍼런스 마지막에 나의 아내 수가 주님으로부터 지식의 말씀을 받았다. 우리 교회의 어린이들을 통해 하나님의 능력을 나타내기 원하신다는 것이었다. 컨퍼런스 내내 아내는 하나님께서 어린이들을 통해 하나님의 영광을 나타내시려는 것을 느꼈다. 그래서 수는 드디어 감동을 받아 선언했다. "선생님들 중에 건강에 문제가 있는 분이 계시면 앞으로 나오세요. 어린이들이 기도해 주도록 할게요."

그 날 1학년을 돕고 있던 한나는 기도를 받으러 앞으로 나갔다. 한나와 샘 부부는 자녀를 갖기 원했다. 한나는 이미 두 번의 유산을 경험했고, 그 여파로 두 번의 소파 수술을 받았는데, 경과가 좋지 않았다. 수술 결과 그녀는 몇 달간 복부에 예리한 통증을 느꼈다.

어린이들이 한나를 위해 기도할 때, 그녀는 하나님의 능력이 역사하는 것을 느꼈다. 즉시 고통이 사라졌고, 지금까지 재발하지 않았다. 그로부터 얼마 후, 한나는 임신했다. 지금 한나와 샘은 예쁘고 건강한 아들 아기 조엘의 부모이다.

의학적 기적

우리가 하베스트 락 교회에서 병자들의 치료를 위해 계속 기도함에 따라, 하나님께서 우리에게 더 큰 기적을 주셨다. 하나님께서 불치병을 치료하셔서 하나님의 기적이 의학적으로 입증될 때마다 나는 특히 열광한다.

몇 년 전에 우리 교회 신자인 모니카가 다발성 경화증 진단을 받았고, 이어서 초기 증상으로 부분적 마비를 겪었다. 모니카는 걷기가 매우 힘들어졌다. 그때의 MRI 결과를 보면, 그녀의 두뇌에 그 질병의 특징인 흰 플라크가 형성되어 있었다.

모니카는 기도하기 시작했고 치료될 것을 믿었으며, 우리의 기도팀이 그녀를 위해 정기적으로 기도했다. 그것이 18개월간 지속되는 동안, 그녀의 상태는 호전되는 징후를 보이지 않았다. 그러나 최근에 기도를 받은 후, 모니카의 증상이 완전히 사라졌다.

모니카는 신유를 받았다는 것을 알았다. 그녀는 의사의 진단을 받았고, 의사는 그녀의 신체기능이 정상적으로 돌아온 것을 보았다. 그러나 의사는 확증하기 위해 MRI를 다시 찍고 싶어 했다. 검사 결과 흰 플라크가 사라지고 없었다. 그것은 모니카가 완전히 정상이라는 것을 보여 주었다. 의사는 MRI에 나타난 변화를 의학적으로 설명할 수 없다고 말했다.

부활의 능력의 영광

많은 그리스도인들이 하나님께서 사람들을 치료하신다고 믿는다. 의학적으로 설명할 수 없는 치료의 이야기들이 흔하기 때문이다. 그러나 우리들 중 많은 사람들이 하나님께서 죽은 자를 지금도 살리신다는 것을 믿기는 매우 어려워한다. 우리는 예수님께서 사람들을 죽음에서 일으키신 것을 안다. 그러나 우리는 그 사건들이 예수님의 지상 사역에만 한정되고 국한된 것이라고 일반적으로 간주한다. 그러나 예수님께서 **왜** 죽은 자를 살리셨는지 이해한다면, 우리가 그렇게 느끼지 않을 것이라고 확신한다.

요한복음 11장에서 마리아와 마르다는 오빠 나사로가 많이 아프다고 예수님께 전갈을 보냈다. 그 소식에 대한 예수님의 반응은 특별했다. "이 병은 죽을 병이 아니라 하나님의 영광을 위함이요"(요 11:4). 예수님께서 그 자매에게 암시하신 것은 나사로의 병이 심각해 보이지만, 주님께 영광을 돌리는 결과를 낳으리라는 것이었다.

예수님께서 현장에 당도하셨을 때, 나사로는 이미 죽은 지 나흘

이 되었고 무덤은 봉인되어 있었다. 그러나 예수님께서 아버지께 기도하고 나사로를 부르셨다. "나사로야 나오라." 그때 예수님의 친구인 나사로가 살아났고, 나사로는 수의에 싸여 있었다(요 11:41-44 참조).

이것은 신약에 기록된 가장 큰 기적 중 하나이다. 예수님께서 이 기적의 목적에 대해 매우 분명히 말씀하셨다. "이 병은 죽을 병이 아니라 하나님의 영광을 위함이요." 그리스도께서 나사로를 죽음에서 일으키신 것은 하나님의 영광을 나타내시려는 목적이었다. 같은 장 후반부에서 또 말씀하셨다. "내 말이 네가 믿으면 **하나님의 영광**을 보리라 하지 아니하였느냐"(요 11:40, 강조는 저자가 함).

나사로의 부활은 하나님께서 그리스도를 살리실 때 곧 나타내실 '지극히 큰 능력'의 예표였다. 또한 그 '지극히 큰 능력'을 그리스도를 통해 우리에게 나눠 주셨다. 나사로의 부활은 하나님의 능력의 영광을 보여 주었다. 당신에게 질문하겠다. 그리스도의 시대에 살았던 사람들이 부활하신 그리스도를 '보았고,' 그것을 예견하는 징조로 나사로가 죽음에서 살아났다. 그렇다면 오늘날에도 비슷한 징조를 주시지 않겠는가? 나는 하나님께서 그렇게 하고 계시며, 그런 일이 점점 더 많이 일어나고 있다고 단언할 수 있다.

죽은 자가 살아남

나는 하나님의 부활의 능력으로 죽은 자가 살아난 이야기를 전 세계 도처에서 듣는다. 아이리스 미니스트리의 설립자인 롤랜드와 하이디 베이커는 아프리카, 유럽, 아시아의 사역에서 80명이 넘는 사람들이 죽었다가 다시 살아난 것을 보았다. 수프레사 시톨레 목사는 베이커 부부의 동역자로서, 목회자 아이리스 미니스트리의 국제 디렉터로 섬기고 있다. 수프레사는 하나님께서 죽은 자를 살리시는데 그를 처음 사용하신 놀라운 경험을 했다.

2001년 2월에 수프레사는 모잠비크의 국경에 있는 작은 마을, 코마티푸르트의 마을회관에서 집회를 열고 있었다. 어느 날 그 지역의 추장이 수프레사에게 말했다. 전날 밤에 여섯 살짜리 어린 소녀가 죽어서 집회를 연기해야 한다는 것이었다. 주민들은 조용히 애도하기 원했다.

수프레사는 죽은 소녀를 봐도 되냐고 물었고, 추장은 허락했다. 그가 도착했을 때, 소녀는 여전히 침대에 뉘어져 있었고, 이미 몸이 식어 굳어 있었다. 수프레사는 소녀의 치료를 위해 기도하라는 인도를 느꼈다. 그는 오전 중반에 소녀를 위해 기도하기 시작했고, 소녀의 어머니와 다른 여섯 명의 여자가 실내에 같이 앉아 있었다. 수프레사는 몇 시간 동안 계속 기도했고, 여자들은 지쳐서 방에서 나갔다. 긍휼히 여기는 마음이 가득했지만, 어떻게 해야 할지 몰랐던 수프레사는 계속 기도했고, 죽은 소녀 옆의 매트 위에 손을 얹고 있었다.

그 날 오후 어느 때엔가 수프레사는 계속 기도 중이었고, 그때 뭔가 그의 손을 만지는 것을 느꼈다. 그가 고개를 들어 보니 소녀가 그의 손가락을 잡고 있었다. 소녀는 방금 깊은 잠에서 깬 것처럼 일어나 앉아 있었다. 소녀는 살아났다!

수프레사는 소녀의 어머니와 다른 여자들에게 말하러 달려갔고, 그들은 어린 소녀가 살아나 앉아 있는 것을 보고 충격에 휩싸였다. 그들은 울고, 웃고, 춤추기 시작했다. 하나님의 부활의 능력이 영광스럽게 나타나고 이어서 두 주일 동안, 많은 주민들이 예수님을 믿고 구원받았다.

아마도 현대의 가장 유명한 부활 중 하나는 나이지리아의 목사 다니엘 에크추쿠의 부활일 것이다. 세계적 전도자 라인하르트 본케가 그것을 동영상으로 기록했다. 다니엘은 브레이크 고장으로 인한 교통사고로 죽었다. 그가 병원으로 실려 갔을 때 사망 선고를 받고 사망 확인서가 발급되었다. 그의 시체는 시체 안치소에 이틀간 있었고, 장의사가 이미 화학약품을 주사해 보존처리를 시작했다.

이미 사후강직까지 이뤄졌지만, 다니엘의 부인은 성령의 깨우치심을 받아, 남편을 돌려받을 것이라고 믿었다. 그녀는 이미 관에 들어간 상태의 시신을 구급차에 싣고 인근 나이지리아 도시에서 열리고 있는 라인하르트 본케 컨퍼런스로 달려갔다. 다니엘은 거기서 살아났다. 컨퍼런스가 열리고 있던 교회 지하실에서 사람들이 그를 위해 기도할 때, 그는 살아났다. 다니엘의 부활뿐 아니라, 수많은 목격자들의 증언까지 함께 필름에 담겼다. 그중에는 그의 시체를 놓고 기도한 사람들, 사망 확인서를 발부한 의사, 그의 매장을 준비한 장

의사도 있다. 이것과 그 외의 수많은 치유, 부활, 표적, 기사를 제인 럼프가 그녀의 저서, 『오늘날 미국의 표적과 기사』(Signs and Wonders in America Today)[1]에 조사해 기록했다.

이 강력한 기적들은 예수님을 죽음에서 살리신 성령께서 모든 신자 안에 거하심을 나타낸다. 우리 모두는 하나님의 영광이 우리를 통해 강력한 부활의 능력으로 나타나는 것을 볼 가능성이 있다.

초자연적인 생활

표적과 기사로 나타나는 하나님의 능력의 영광으로 우리가 세상에 복음을 선포해야 한다는 것을 예수님께서 아셨다. 예수님께서 우리에게 그런 식으로 복음을 전파하라고 명령하셨다. 우리 안에 거하시는 능력 때문에 불가능한 것이 가능하다. 로마서 6장 4절에서 말씀한다. "그러므로 우리가 그의 죽으심과 합하여 세례를 받음으로 그와 함께 장사되었나니 이는 아버지의 영광으로 말미암아 그리스도를 죽은 자 가운데서 살리심과 같이 우리로 또한 새 생명 가운데서 행하게 하려 함이라." 그리스도의 죽음과 부활은 모든 신자가 영원의 세계에서나, 지금 이 땅 위에서나 새 생명을 얻게 해준다.

예수님께서 우리에게 주려 하시는 새 삶은 풍성한 삶이라고 말씀하셨다(요 10:10 참조). 풍성한 삶은 넘쳐나는 삶이다. 그것은 능력이 충만한 삶이어서 우리 자신과 우리 주변의 세상을 변화시킨다. 풍성한 삶은 초자연적인 생활이다. 나는 모든 신자가 지혜와 계시의 영을 받아서 이것을 이해하기를 바라며 기도한다. 우리 모두는 하나님의 영광, 하나님의 부활의 능력, 이 땅 위의 초자연적이고 풍성한 삶을 누릴 수 있다.

5장 하나님의 영광과 친밀함

하나님께서 우리에게 하나님의 영광을 주셔서, 우리가 하나님과 하나 되게 하신다. 하나님께서 우리에게 바라시는 것은, 예수님께서 그러셨던 것처럼 우리가 하나님과 하나되는 것이다. 하나님께서 우리에게 주기 원하시는 초자연적이고 풍성한 삶을 살려면, 이 하나됨이 가장 기초이다. 하나님과의 친밀함이 기반이 되어 우리 삶을 통해 하나님의 영광을 여러 방법으로 쏟아 부으신다.

첫째로, 하나님과의 친밀함은 다른 사람들을 사랑할 능력을 우리에게 주고, 우리가 다른 신자들과 연합해 행할 수 있게 해준다. 둘째로, 하나님과의 친밀함은 복음 전파와 우리 주변 세상의 사회변혁의 열쇠이다.

요한복음에서 예수님께서 하나님 아버지께 하신 기도에 그것이 자세히 나타난다.

내가 비옵는 것은 이 사람들만 위함이 아니요 또 그들의 말로 말미암아 나를 믿는 사람들도 위함이니 아버지여, 아버지께서 내 안에, 내가 아버지 안에 있는 것같이 그들도 다 하나가 되어 우리 안에 있게 하사 세상으로 아버지께서 나를 보내신 것을 믿게 하옵소서 **내게 주신 영광을 내가 그들에게 주었사오니 이는 우리가 하나가 된 것같이 그들도 하나가 되게 하려 함이니이다** 곧 내가 그들 안에 있고 아버지께서 내 안에 계시어 그들로 온전함을 이루어 하나가 되게 하려 함은 아버지께서 나를 보내신 것과 또 나를 사랑하심같이 그들도 사랑하신 것을 세상으로 알게 하려 함이로소이다
요한복음 17:20-23

전통적으로 이 기도는, 예수님께서 아버지와 하나이시듯이, 모든 신자들이 서로 하나되기를 바라시는 것으로 해석되었다. 그러나 본문을 자세히 살펴보면, 예수님께서 더 중요한 하나됨을 언급하신다. 물론 하나님께서는 우리가 그리스도의 몸으로 연합되기를 바라시지만, 더 의미심장한 것이 있다. 하나님께서 우리에게 하나님의 영광을 주셔서 우리가 하나님과 하나되게 하셨다.

우리는 예수님께서 아버지와 완전히 연합되었던 것을 안다. 요한복음 17장에서 예수님께서 기도하시기를, 제자들의 메시지를 믿는 모든 사람들이 하나되게 해달라고 하셨다. 그것은 당신과 나를 포함해서, 예수님을 알게 될 모든 신자를 가리킨다. 또한 예수님께서는 예수님이 아버지와 하나이시듯이, 우리 모두가 아버지와 하나되게 해달라고 기도하셨다.

이 특별한 '하나됨'은 그리스도의 삶에 가장 잘 반영된다. 요한

은 예수 그리스도께서 하나님이셨으므로 태초에 하나님과 함께 계셨다고 말한다(요 1:1 참조). 아브라함이 살기 전에도 예수님이 계셨다(요 8:58 참조). 기억해야 할 중요한 사실은 예수님께서 땅에 오셨을 때, 신성을 잠시 보류하셨다는 것이다. 그것의 의미는 예수님께서 아무것도 하나님으로서 하지 않으시고, 모든 것을 성부, 성령과 온전히 연합된 사람으로서 하셨다는 것이다. 육신을 입으신 하나님의 아들이셨지만, 예수님께서는 지상의 시간 동안에 아버지를 온전히 의지하셨다.

예수님께서는 아버지께서 행하시는 것을 보고 그것만 하셨으며(요 5:19 참조), 항상 긍휼의 마음으로 놀라운 기적을 행하셨다. 예수님께서는 지상의 삶을 통해, 아버지와 하나된 삶이 어떤 것인지 보여 주셨다.

예수님의 말씀에 따르면, 이제 우리가 그것과 동일한 아버지와의 하나됨에 접근할 수 있고, 이제는 우리가 주변 세상에 하나님의 선하심과 능력을 반영해야 한다.

예수님께서 우리에게 그분의 영광을 주신 것은 하나됨의 목적 때문이라고 말씀하셨다. **"내게 주신 영광을 내가 그들에게 주었사오니 이는 우리가 하나가 된 것같이 그들도 하나가 되게 하려 함이니이다"**. 우리가 예수 그리스도를 영접할 때, 우리는 그분의 영광에 접근할 수 있고, 그것은 우리가 성부, 성자, 성령과 하나되어 사는 것을 가능하게 한다.

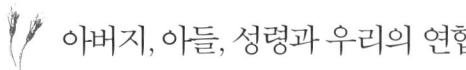 아버지, 아들, 성령과 우리의 연합

인생의 끝에 이르러 이렇게 기도한 사도 바울의 열망에 나는 동참하고자 한다. "내가 그리스도와 그 부활의 권능과 그 고난에 참여함을 알고자 하여 그의 죽으심을 본받아"(빌 3:10). 바울이 그렇게 기도했을 때, 그는 이미 많은 의미심장한 방법으로 하나님을 경험한 후였다. 그는 다메섹 도상에서 예수님의 환상을 보았다(행 9:4-9 참조). 그리고 그는 강력한 환상 중에 '삼층천'으로 올라갔었다(고후 12:2 참조). 그러나 그 모든 경험 후에도, 바울은 그리스도를 더 깊이 알기 원했다.

우리는 그리스도와의 관계의 결과로 하나님과의 하나됨을 받는다. 그것에는 **신분적 친밀함**과 **점진적 친밀함**이 있다. **신분적** 친밀함은 우리가 하나님께 나아갈 수 있음을 의미한다. 그것은 우리가 구원받는 시점에 받는 것이다. 예수님을 영접함으로 우리는 즉시 하나님의 자녀가 되고, 그 관계를 통해 우리는 아버지께 기꺼이 나아갈 수 있다.

그러나 우리 하나님은 무한하시고 영원하시므로 우리가 하나님에 대해 더 알고 경험할 것이 항상 있다. 그것을 **점진적** 친밀함이라고 한다. 예수님께서 그 목적을 위해 그분의 영광을 우리에게 주셨다. 바울은 이렇게 말한다. "또한 모든 것을 해로 여김은 내 주 그리스도 예수를 아는 지식이 가장 고상하기 때문이라 내가 그를 위하여 모든 것을 잃어버리고 배설물로 여김은 그리스도를 얻고 그 안에서 발견되려 함이니"(빌 3:8-9).

우리는 큰 특권과 값비싼 선물을 받았다. 예수님의 죽음과 부활, 그리고 우리 안의 성령의 임재를 통해, 우리는 우주의 창조자와 매일 연합해 동행할 수 있다. 하나님께서 우리를 하나님과 화목하게 하려고 모든 것을 하셨고, 우리의 죄 때문에 아들을 희생 제물로 보내기까지 하셨다. 하나님께서 우리에게 팔을 활짝 펴시고, 우리와 친밀하기를 갈망하신다. 이제 하나님과의 친밀한 관계를 적극적으로 추구하며 응답하는 것은 우리에게 달려 있다.

아버지와의 친밀함은 무궁무진하다!

서로 연합

우리가 하나님과 연합할 때, 다른 신자들과의 연합이라는 아름다운 부산물이 따라온다. 그것은 요한이 첫 서신서에서 "우리가 사랑함은 그가 먼저 우리를 사랑하셨음이라"(요일 4:19)고 말한 것과 같다. 우리가 매일 성령을 통해 하나님의 사랑으로 충만할 때, 우리는 성령의 열매인 사랑과 희락과 화평과 오래 참음과 자비와 양선과 충성과 온유와 절제가 가득해진다(갈 5:22-23 참조). 하나님과 친밀해지면, 하나님의 영광이 넘쳐 흘러 우리가 하나님의 사랑을 발하게 될 것이다.

그렇게 서로 사랑하는 길은 예수님과의 친밀함 속에 있다. 예수님께서 말씀하셨다. "나는 포도나무요 너희는 가지라 그가 내 안에, 내가 그 안에 거하면 사람이 열매를 많이 맺나니 나를 떠나서는 너희가 아무것도 할 수 없음이라"(요 15:5). 우리가 그리스도 안에 거할 때, 그리스도께서 우리 안에 거하셔서 우리는 풍성한 열매를 맺을 것이다.

또한 예수님께서 우리에게 그의 영광을 주셔서 다른 신자들과 연합할 수 있도록 능력을 주신다. 몇 절 후에 예수님께서 이렇게 명령하신다. "내 계명은 곧 내가 너희를 사랑한 것같이 너희도 서로 사랑하라 하는 이것이니라"(요 15:12). 예수님을 떠나서는 이 명령을 완수하기가 불가능하다.

그러나 우리가 그 안에 거하고 그가 우리 안에 거하시면, 우리는 다른 신자들과의 하나됨에 풍성한 열매를 맺을 것이다. 우리가 연합할 수 있도록 하나님께서 우리에게 영광을 주실 것이다. 우리가 하나님의 사랑을 받을 때, 하나님께서 우리를 사랑하시듯, 다른 사람들을 사랑할 수 있게 될 것이다.

이러한 이중 연합, 즉 삼위일체 하나님과의 연합 및 다른 사람들과의 연합이 전도의 열쇠이다. 정말로, 하나님과의 친밀함은 하나님의 대추수와 온전히 관련이 있다. 예수님께서 말씀하셨다. "그들로 온전함을 이루어 하나가 되게 하려 함은 아버지께서 나를 보내신 것과 또 나를 사랑하심같이 그들도 사랑하신 것을 **세상으로 알게 하려 함이로소이다**"(요 17:23, 저자의 강조). 우리가 하나님과 하나되고 하나님의 백성과 하나될 때 하나님의 영광이 우리를 통해 드러나, 세상으로 하여금 하나님을 믿게 한다.

 친밀함은 하나님의 선하심으로 나타난다

우리가 하나님과 친밀하면, 하나님의 영광이 우리를 통해 **하나님의 선하심**과 **능력**으로 나타난다.

우리가 하나님을 사랑하고 서로 사랑할 때 하나님의 **선하심이** 분명히 나타난다. 내가 메릴랜드 대학교 학생일 때, 한 아가씨가 나에게 물었다. "왜 당신은 항상 미소 짓고 있죠?" 나는 그 말을 듣고 놀랐다. 내가 늘 미소 짓고 있는지 몰랐었기 때문이다. 그녀의 질문을 듣고 나는 깨달았다. 나는 주님과의 관계 때문에 기쁨이 충만했던 것이다. 그것으로 인해 내가 그녀에게 복음을 전할 문이 열렸고, 그녀는 예수님께 심령을 드리게 되었다.

저명한 청소년 사역자이자 전도자인 윙키 프래트니가 말했다. 가장 효과적인 두 가지 전도 방법이 있다. 하나는 불신자를 기독교 공동체 안으로 데리고 들어와 서로 사랑하는 것을 보여 주는 것이다. 그리고 또 하나는 기독교 공동체를 세상으로 데려가서 우리가 서로 사랑하는 것을 불신자들에게 보여 주는 것이다. 우리의 사랑을 통한 그 두 가지 방법으로 세상은 예수 그리스도께 나아올 것이다.

사랑을 실제로 보여 줌

몇 년 전에 아프리카의 한 공산주의 국가에서 한 선교사가 출국 거부로 체포되었다. 선교사가 갇힌 감방에 대량 살인을 저지른 살인범이 같이 있었다. 선교사는 그 살인범에게 복음을 전하려 애썼지만, 살인범은 예수님을 영접할 뜻이 없었다. 그러자 선교사는 그리스도의 사랑을 실제로 보여 주기로 결심하고서, 매일 받는 식량 배급의 일부를 살인범에게 나눠 주었다. 선교사가 몇 달 동안 매일 그렇게 하자, 살인범은 그것이 진정한 사랑의 행위라는 것을 알게 되었다.

어느 날 대화 중에 주님께서 선교사에게 지혜의 말씀을 주셨다. 선교사는 살인범에게 물었다. "예수님이 어떤 분인지 알아요?"

살인범이 대답했다. "아니오, 나는 예수님이 어떤지 몰라요."

선교사가 그에게 말했다. "예수님은 저 같은 분이세요."

그 말에 살인범의 눈에서 비늘이 벗어졌다. 그는 말했다. "예수님이 당신 같다면, 나는 예수님의 제자가 되고 싶어요." 그렇게 해서 살인범은 주님께 삶을 드렸다.

우리들 중 많은 사람들이 "나는 예수님처럼 되고 싶어요"라고 말한다. 그러나 얼마나 많은 사람들이 "예수님은 나 같은 분이세요"라고 말할 수 있는가? 하나님께서는 우리가 예수님과 그렇게 친밀히 연합되어 "나는 예수님을 나타내려고 여기 있어요"라고 담대히 말할 수 있기를 바라신다.

그리스도께서도 친히 말씀하시기를 우리가 하나님의 영광의 전달자가 되어야 한다고 하셨다. "이같이 너희 빛이 사람 앞에 비치게 하여 그들로 너희 착한 행실을 보고 하늘에 계신 너희 아버지께 영광을 돌리게 하라"(마 5:16). 우리가 하나님과 친밀한 관계를 가질 때, 그의 영광이 우리의 삶에 빛날 것이고, 우리의 사랑, 친절, 신실함을 통해 세상에 하나님의 선하심을 보여 줄 것이다. 사람들은 우리가 그들을 진정으로 사랑하는지, 아닌지 분별할 수 있다. 우리가 그들을 사랑함을 통해 하나님의 영광이 드러난다면, 그들이 하나님의 선하심을 인식할 수 있을 것이고 하나님을 알게 될 것이다.

친밀함은 능력으로 나타난다

우리가 하나님과 친밀함을 통해, 하나님의 영광이 우리 안에 나타나면 **잃어버린 영혼들을 이끄는 능력**이 된다. 하나님의 능력은 병자를 고치고, 귀신을 쫓아 내고, 죽은 자를 살릴 수 있다. 우리는 가는 곳마다 그런 하나님의 능력을 전하라고 부름받았다(마 10:8 참조).

교회 리더들은 우리가 더 많은 기도회를 열고, 목회자들이 함께 기도하고, 그리스도의 몸이 연합하도록 더 노력하면 부흥과 추수가 일어날 것이라고 믿었다. 물론 그것은 일리가 있다. 기도와 그리스도의 몸의 연합이 우리에게 필요하다. 그러나 역사적으로 많은 기도회, 목회자 기도회, 연합 집회가 있었지만 추수가 일어나지 않았다.

성경은 우리에게 말씀한다. "하나님의 나라는 말에 있지 아니하고 오직 능력에 있음이라"(고전 4:20). 그러므로 우리가 하나님의 나라를 도래시키려면, 하나님의 능력 안에 행해야 한다. 그리고 하나님의 능력을 받는 유일한 길은 하나님과 친밀함을 통해 하나님의 영광을 더 받는 것뿐이다. 인격적으로 친밀하려면 하나님과의 관계에 시간을 보내야 한다. 우리가 하나님과 시간을 보낼 때, 성령을 통해 우리를 능력으로 채우셔서, 우리가 복음을 전파할 수 있을 것이고, 표적과 기사와 기적 안에 행할 수 있을 것이다.

HIM 댈러스의 목사인 허먼 마터가 필리핀에서 일어난 이야기를 해주었다. 그가 그곳의 한 HIM 소속 교회에 초청됐을 때, 성령께서 치유의 기름부음을 강력하게 부어 주셔서 교인들이 표적과 기사 안에 사역하기 시작했다. 그들은 병원에 가서 병자들의 치유를 위해 기도하기로 결정했다. 허먼에 따르면 그 지역 병원들에 너무나 많은 기적적 치료가 일어나서 열다섯 명의 의사가 구원받았다고 한다. 그 의사들은 과학적 사고에 철저히 훈련된 사람들이었지만, 하나님의 영광이 기적적 치료로 너무나 강력하게 나타나자 예수님께 나아오게 되었다.

하나님의 백성이 하나님의 능력을 사회 안에 가져갈 때, 사람들이 구원받는다. 우리가 하나님과의 친밀함에 연결될 때, 우리는 초자연적인 영역 안에서 흐름을 따라가게 되고, 그 결과 하나님 나라를 위한 영혼의 대추수를 보게 될 것이다.

하나님과 연합하기

예수님께서 아버지와 하나되셨듯이, 당신도 하나님과 하나되어야 하는데, 그것을 방해하는 것은 무엇인가? 하나님께서 우리에게 이미 그분의 영광을 주셔서, 우리가 하나님과 하나될 수 있게 하셨다(요 17:22 참조). 아버지께서 우리에게 그 나라를 주고 싶어 하신다고 예수님께서 말씀하셨다(눅 12:32 참조). 그렇다면 왜 우리는 하나님의 영광을 더 보지 못하는가? 왜 우리는 하나님 나라를 별로 도래시키지 못하는 것 같은가?

나는 우리 쪽에 문제가 있다고 믿는다. 그리스도를 통한 구원은 하나님 나라의 삶의 시작에 불과하다. 우리는 주님과 그 임재를 적극적으로 추구하라고 명령받았다. 우리가 하나님의 임재 안에 더 시간을 보낼 때, 하나님의 영광을 더 받게 되고, 하나님을 더욱 닮게 된다.

때로는 우리의 좋은 의도에도 불구하고, 하나님과의 친밀함 추구가 계속 방해를 받는다. 예수님과의 친밀함이 커지는 것을 방해하는 것이 무엇이든, 당신이 주님께 구할 때, 주님께서 그것을 드러내 주실 것이다. 하나님의 영광과 은혜는 능력이 있어서 모든 장애물, 모든 죄와 두려움의 억압을 깨뜨리고, 우리를 자유케 한다(시 146:7 참조).

하나님께서 또한 하나님의 몸의 지체들을 통해 우리에게 힘과 용기를 주신다. 만일 당신이 하나님과 친밀하지 못하도록 계속 방해하는 문제로 어려움을 겪고 있다면, 주님 안의 신뢰하는 친구들을 통해 도움을 받으라. 상담이나 내적 치유 기도가 필요할 수 있다. 당신이 처한 상황이 어떤 것이든, 당신이 짐을 지도록 도와줄 다른 사람들과 나누면 좀더 쉬워진다.

무엇보다도, 그런 고투를 벌이는 것은 당신 혼자뿐이라고 생각하지 말라! 우리는 아무도 완벽하지 않다. 우리는 모두 고투에 직면해 있다. 야고보가 이렇게 권했다. "그러므로 너희 죄를 서로 고백하며 병이 낫기를 위하여 서로 기도하라 의인의 간구는 역사하는 힘이 큼이니라"(약 5:16).

친밀함을 일구는 유일한 방법은 주님과 보낼 시간을 따로 떼어 두고, 주님의 임재를 갈망하는 것이다. 하나님과 그런 친밀함이 없으면, 하나님에 대해 많이 알더라도 하나님을 인격적으로는 모를 수 있다. 물론 친밀함을 이루는 공식은 없다.

두 사람 사이의 인간관계가 다 똑같지 않듯이, 우리 각자와 주님의 관계도 고유한 특징이 있다. 자신에게 가장 의미 있는 방식으로 하나님의 임재를 추구할 때, 친밀함이 이뤄질 것이다. 어떤 사람에게는 기도로 시간을 보내는 것일 수 있고, 다른 사람들에게는 성경

묵상이 가장 유용할 수 있다. 또 어떤 사람들은 찬양을 들으며 하나님의 임재에 흠뻑 빠지고, 다른 사람들은 완전한 침묵 속에서 하나님을 발견하기도 한다.

    나는 하나님의 친구가 되기를 원한다. 또 나는 하나님과 매일 친밀하기를 원한다. 하나님께서 하나님의 친구들에게 하나님의 일을 계시하시고, 하나님의 권위와 능력을 위임하신다고 성경은 말씀한다. 그러므로 주님과 하나된 삶을 추구하자. 그렇게 할 때, 하나님의 영광이 우리를 통해 빛날 것이다. 그리고 우리 안에 하나님의 선하심과 능력이 나타나, 하나님 나라의 영광을 위해 사람들에게 영향을 미치게 될 것이다.

6장 영광을 위해 지어짐

지금까지 이 책에서 하나님의 영광을 하나님의 나타난 임재로 정의해 논의했으며, 그것은 하나님의 선하심과 하나님의 능력이라는 형태로 드러난다. 그러나 다이아몬드에 여러 면이 있듯이, 하나님의 영광도 그 외에 많은 측면이 있다. 본 장에서는 하나님께서 우리에게 주시는 다른 유형의 영광을 살펴보려고 한다. 이 영광은 **존귀, 명예**라는 형태로 임하며, 그것은 하나님께서 우리에게 주시는 초자연적인 풍성한 삶의 중요한 한 면이다.

영광과 존귀로 관을 씀

시편 기자에 따르면, 태초부터 하나님께서는 영광과 존귀로 사람에게 관을 씌우셨다(시 8:5 참조). 그 진리에 경탄하며, 다윗이 노래한다.

> 주의 손가락으로 만드신 주의 하늘과 주께서 베풀어 두신 달과 별들을 내가 보오니 사람이 무엇이기에 주께서 그를 생각하시며 인자가 무엇이기에 주께서 그를 돌보시나이까 그를 하나님보다 조금 못하게 하시고

영화와 존귀로 관을 씌우셨나이다 주의 손으로 만드신 것을 다스리게 하시고 만물을 그의 발 아래 두셨으니 곧 모든 소와 양과 들짐승이며 공중의 새와 바다의 물고기와 바닷길에 다니는 것이니이다　시편 8:3-8

원래 인간은 하나님의 형상으로 창조되었다. 그리고 하나님께 순종하고, 하나님과 친교를 나누고, 성령으로 충만한 데서 얻어지는 영광을 인간이 가짐으로써 하나님을 영화롭게 하도록 창조되었다. 그러나 불행히도, 인류가 다른 길을 선택했기 때문에 우리는 원래의 목적과 소명을 잃게 되었다. 그러나 하나님께서는 원래의 의도에서 결코 벗어나지 않으셨다.

하나님께서는 영광을 위해 인류를 창조하셨고, 우리가 그에 못 미치는 상태로 영원히 존재하는 것을 허락하지 않으신다. 때로 우리 그리스도인들은 우리의 죄와 그리스도의 구속에 너무 초점을 맞추는 나머지, 하나님께서 단지 우리의 '죄의 기록'을 지우는 것 이상을 하기 원하신다는 사실을 망각한다. 하나님께서 우리를 원래 창조하실 때 계획하셨던 영광, 존귀, 통치의 상태로 회복시키려 하신다. 우리 인간의 이야기는 3부작이다. 그것을 간략히 되돌아보며, 우리에 대한 하나님의 목적과 부름을 되새겨 보자.

하나님께서 아담과 하와를 창조하실 때, 그들을 하나님의 형상으로 창조하셔서 존귀와 영광을 주셨다. 하나님께서는 인간을 하나님보다 조금 낮게 만드셨다. 창세기에 하나님께서 아담과 하와에게 복

을 주시며 "생육하고 번성하여 땅에 충만하라, 땅을 정복하라"(창 1:28)
고 말씀하셨다. 하나님께서는 인간이 하나님과 함께 모든 피조물을
다스리고, 땅을 정복하도록 창조하셨다.

그러나 하나님께서 인간에게 주신 영광이 죄를 통해 상실되었다.
인간은 하나님께서 우리에게 뜻하신 영광을 상당 부분 잃었다. 주님
께 반역하고, 우리가 더 좋다고 생각한 대안을 선택하고, 죄에 빠졌
기 때문이다(창 3장 참조). 바울은 죄와 그 결과에 대해 로마서 3장 23
절에서 "모든 사람이 죄를 범하였으매 하나님의 영광에 이르지 못하
더니"라고 말한다.

그러나 감사하게도, 하나님께서 예수 그리스도의 성취를 통해 인
간의 영광을 되찾으셨다. 예수님은 우리 죄를 위해 죽으시고, 부활
하시고, 하늘에 오르시고, 이제 아버지 우편에 앉아 계신다(히 12:2 참
조). 예수님께서는 태초부터 하나님께서 우리의 것으로 정하신 영광
을 회복시키려고 죽으셨다.

바울은 우리에게 말한다. "오직 은밀한 가운데 있는 하나님의 지
혜를 말하는 것으로서 곧 감추어졌던 것인데 하나님이 우리의 영광
을 위하여 만세 전에 미리 정하신 것이라 이 지혜는 이 세대의 통치
자들이 한 사람도 알지 못하였나니 만일 알았더라면 영광의 주를 십
자가에 못 박지 아니하였으리라"(고전 2:7-8).

바울이 여기서 분명히 말한다. 사탄은 예수 그리스도를 십자가에
못 박음으로써 자신도 모르게 하나님의 계획에 협조한 꼴이 되었다.

그 계획은 태초 전부터 하나님께서 우리에게 뜻하신 영광 속으로 인간을 회복시키려는 것이었다. 만일 예수님을 못 박는 것이 정말로 무엇을 의미하는지 사탄이 알았다면, 그는 결코 그런 실수를 저지르지 않았을 것이다.

그러나 이제 성경은 말씀한다. "또 (하나님께서 우리를 그리스도와) 함께 일으키사 그리스도 예수 안에서 함께 하늘에 앉히시니"(엡 2:6). 예수님을 통해 인간의 영광이 회복되었고, 이제 우리는 하나님께서 우리를 위해 원래 의도하신 영광에 올바로 참여할 수 있다.

얼마나 놀라운 진리인가! 그러나 하나님께서 우리를 영광과 존귀로 관 씌우신다는 사실을 받아들이더라도, 우리는 하나님의 영광을 스스로 취하면 안 된다. 다시 말해서, 우리는 하나님께 속하는 영광에 대한 칭찬을 사람에게 받으면 안 된다. 여호와는 자신의 영광을 다른 아무와도 나누어 갖지 않으신다(사 42:8 참조). 우리는 하나님의 자녀로서, 하나님께서 우리에게 내려 주시는 하나님의 영광을 반영하게 되어 있다. 그렇게 해서, 우리는 하나님께서 우리에게 주시는 바로 그 영광으로 하나님을 영화롭게 한다.

이 영광은 그리스도 안의 우리의 유업과 부름의 일부분이다. 우리는 하나님께서 우리에게 주시는 이 놀라운 영광 안에서 어떻게 행할지 배워야 한다. 그러나 많은 신자들은 그렇게 하기를 힘들어 한다. 불행히도, 우리들 중 많은 사람들이 하나님께서 만드신 왕족이 아니라, 마치 거지처럼 산다. 하나님께서 주신 믿음 안에 행하며, 그리스도로 말미암아 모든 것을 할 수 있다고 믿는 대신에(빌 4:13 참조), 우리는 자존감이 결여되어, 삶의 도전들에 직면하기에 완전히 부족하다고 느낀다.

이제 하나님께서 우리에게 회복시켜 주신 영광 안에 행하는 다섯 가지 방법을 나누고 싶다. 나는 삶의 경험과 고투 속에서 이것을 직접 배웠다.

1. 그리스도 안의 정체성을 알라

하나님께서 우리에게 뜻하신 영광 안에 행하려면, 우리의 생각을 새롭게 해서 그리스도 안의 우리가 누구인지 잘 이해하는 것이 중요하다. 성경은 말씀한다. "대저 그 마음의 생각이 어떠하면 그 위인도 그러한즉"(잠 23:7). 우리 마음 깊은 곳에서 우리 자신을 어떻게 믿든, 그대로 될 것이다. 내면의 삶이 외적인 삶으로 나타난다.

그리스도 안의 우리의 참 정체성을 이해하기 어려운 이유는 교활하고 악한 원수, 사탄 때문이다. 마귀는 항상 우리를 고소하며, 우리 자신이 얼마나 무가치한지에 대한 생각으로 채우고, 우리의 결점과 실패를 낱낱이 지적해서, 우리가 수치와 죄의식과 절망을 느끼게 한다. 우리가 주님을 알기 전에, 우리들 대부분은 형제들의 참소자(예수님께서 그렇게 부르심)인 사탄과 함께 살며 그의 말을 믿었다.

오늘날에도 우리의 생각, 행동방식, 생활의 많은 부분은 그리스도를 알기 전에 억압당하던 그 시절을 반영하고 있다. 우리가 구원받을 때, 우리의 영은 성령으로 새로워지지만, 우리는 여전히 옛 생각과 육체에 지배된다. 그래서 바울이 말했다. "너희는 이 세대를 본받지 말고 오직 마음을 새롭게 함으로 변화를 받아"(롬 12:2).

우리는 우리 자신을 하나님의 말씀에 푹 담금으로써 늘 우리 생각을 새롭게 할 수 있다. 만일 우리가 밤낮으로 성경을 묵상하고, 그 안에 기록된 대로 다 행한다면, 우리 삶이 평탄하고 형통할 것이라고 약속하셨다(수 1:7-8 참조).

나는 이 진리에 대해 증언할 수 있다. 왜냐하면 정말로 성경이 내 생각을 변화시켰기 때문이다. 하나님의 말씀을 어떻게 묵상하는지 성령께 배운 후, 내 생각은 완전히 변화되었다. 그리고 내가 배운 가장 중요한 것은 그리스도 안에서 내가 누구인가이다.

성경이 당신에 대해 무엇이라고 말씀하는지 아는가? 성경은 그분 안의 우리의 정체성에 대해 이렇게 말씀한다.

- 하나님께서 우리를 자녀라고 부르신다. "보라 아버지께서 어떠한 사랑을 우리에게 베푸사 하나님의 자녀라 일컬음을 받게 하셨는가"(요일 3:1).
- 하나님께서 우리를 예수님과 공동 상속자라고 부르신다. "성령이 친히 우리의 영과 더불어 우리가 하나님의 자녀인 것을 증언하시나니 자녀이면 또한 상속자 곧 하나님의 상속자요 그리스도와 함께 한 상속자니 우리가 그와 함께 영광을 받기 위하여 고난도 함께 받아야 할

것이니라"(롬 8:16-17).

- ✱ 하나님께서 우리를 대사라고 부르신다. "우리가 그리스도를 대신하여 사신이 되어"(고후 5:20).
- ✱ 하나님께서 우리를 왕과 제사장이라고 부르신다. "그의 아버지 하나님을 위하여 우리를 나라와 제사장으로 삼으신 그에게 영광과 능력이 세세토록 있기를 원하노라 아멘"(계 1:6).
- ✱ 하나님께서 우리를 의롭다고 부르신다. "하나님이 죄를 알지도 못하신 이를 우리를 대신하여 죄로 삼으신 것은 우리로 하여금 그 안에서 하나님의 의가 되게 하려 하심이라"(고후 5:21).

우리가 자신을 볼 때, 하나님께서 우리를 보시듯이 봄으로써, 그리스도 안의 우리가 누구인지 알게 된다. 그러면 우리는 하나님께서 우리에게 관 씌우신 영광과 존귀 안에서 올바로 행할 수 있게 된다.

2. 당신을 낮추면 하나님께서 높이신다

하나님께서 영광을 위해 우리를 지으셨지만, 우리가 이기적 야심이나 교만을 품으면 우리를 존귀하게 하지 않으실 것이다. 하나님께서 우리 마음을 아신다(삼상 16:7 참조). 그리고 말씀에서 이렇게 명령한다. "주 앞에서 낮추라 그리하면 주께서 너희를 높이시리라"(약 4:10).

겸손은 선택이다. 우리가 받는 모든 찬양과 영광을 하나님께 드리기로 결단할 때, 하나님께서 우리를 높이실 것이라고 말씀하신다.

그러나 이기적 야심에 끌려 투쟁하고 행동한다면, 그것은 땅 위의 것이요, 정욕의 것이요, 귀신의 것이다(약 3:15 참조). 하나님께 쓰임받기 원하고, 그리스도 안에서 우리의 소명과 부름을 성취하려 하는 것은 좋은 일이고 하나님을 영화롭게 하는 일이다. 그러나 부적절하고 불순한 동기로 일한다면, 성화되지 않은 열심을 내는 것이다.

세상에서는 자기를 높이고 경쟁하는 일이 흔히 일어난다. 물론 교회에서도 그런 일이 일어나지만, 내가 보기에 그리스도인 중의 더 중요한 쟁점은 거짓 겸손과 낮은 자존감이다. 나는 신자들이 그리스도 안의 정체성을 계속 폄하하는 것을 본다. 그들은 겸손하고 싶어서, 계속 옛 정체성을 되돌아본다. "나는 은혜로 구원받은 죄인일 뿐이야." 그러면서 그들은 그리스도 안의 새 정체성을 붙잡지 않는다. 그렇게 해서 그들은 하나님께서 주신 영광 안에서 행하는 데 실패한다.

하나님께서는 우리에게 하나님 나라와 그에 수반되는 모든 축복을 주고 싶어 하신다(눅 12:32). 하나님께서는 어떤 것도 우리에게 금하지 않으신다. 우리가 형통하고, 높아지고, 머리가 되며 꼬리가 되지 않는 데 필요한 모든 것을 하나님께서 공급하신다(신 28:13 참조).

하나님께서는 우리가 하나님의 영광을 받아서 예수님의 형상으로 변화되어 세상에 하나님의 영광을 반영하기를 원하신다. 하나님께서는 우리가 하나님의 자녀와 왕족으로 행하며, 왕과 제사장이 되도록 정하셨다. 참된 겸손은 하나님께서 우리에게 주시는 모든 것을 기쁨으로 받아들이며, 그리스도 안에서 우리를 어떤 존재로 만드셨는지를 인정하는 것이다.

우리가 그렇게 겸비할 때, 하나님께서 우리를 높이신다(약 4:10 참조). 그리고 하나님께서 우리를 높이기로 선택하실 때, 하나님께서 우리에게 내려 주시는 영광과 존귀를 받아들이고 그 안에서 행할 줄 알아야 한다.

3. 모든 것을 탁월하게 하라

하나님께서는 우리가 내적 성품과 외적 행동에 있어 모두 탁월하기를 원하신다. "오직 너희는 믿음과 말과 지식과 모든 간절함과 우리를 사랑하는 이 모든 일에 풍성한 것같이 이 은혜에도 풍성하게 할지니라"(고후 8:7). "네 손이 일을 얻는 대로 힘을 다하여 할지어다"(전 9:10).

탁월함의 추구는 영적 성숙의 목표이자 증거이기도 하다. 단 그것은 올바른 가치, 우선순위, 동기에 의한 것이어야 한다. 하나님께서 우리에게 주신 은사와 능력으로, 우리는 하나님의 영광을 위해 최선을 다해야 한다. 그리고 우리가 내적으로나 외적으로나 탁월함을 적극적으로 추구할 때, 하나님께서 우리에게 더 많은 하나님의 영광을 맡기실 수 있다. 그 영광이 우리의 성품을 내면적으로 변화시킬 때, 외적인 은총과 높아짐도 나타난다.

하나님께서는 모든 것을 탁월하게 하셨다. 하나님께서 천지를 창조하실 때, 만드신 모든 것을 보시고 매우 좋게 여기셨다(창 1:31 참조). "여호와를 찬송할 것은 극히 아름다운 일을 하셨음이니 이를 온 땅에 알게 할지어다"(사 12:5). 하나님께서는 그분의 백성에게 자연에 나타난 이 탁월함의 측면을 깊이 생각해 보라고 하신다.

주님께서는 우리에게 탁월하라고 하실 뿐 아니라, 그것을 방해하는 장애물을 극복할 수단을 주셨다. 베드로가 말했다. "그의 신기한 능력으로 생명과 경건에 속한 모든 것을 우리에게 주셨으니 이는 자기의 영광과 덕으로써 우리를 부르신 이를 앎으로 말미암음이라"(벧후 1:3). 하나님께서 영광과 탁월함으로 우리를 부르셨기 때문에 우리는 그런 면에 한계를 두지 말아야 한다.

아프리카 짐바브웨의 대형 교회 목사인 튜더 비스마르크 감독의 능력 있는 간증을 들어보자. 나는 댈러스의 한 컨퍼런스에서 튜더 주교를 만나는 영광을 누렸다. 짐바브웨의 대통령인 로버트 무가베가 부정 선거로 권력을 장악해서, 짐바브웨는 엄청난 물가상승과 인권유린 하에 고통당하고 있었다. 인력의 80퍼센트가 실직자였다. 전 세계가 UN의 개입을 촉구하고 있었다.

그 어두운 상황 속에서도, 튜더 감독은 1만 명이 넘는 대형 교회를 목회하고 있었다. 그런데 놀랍게도, 그 교회 교인의 80퍼센트가 직업을 가지고 있었다. 그런 대량 실직이 일어나는 나라에서 그것은 경이적인 수치였다.

튜더 감독은 그의 교회의 DNA를 불가능을 기대하도록 만들었다. 누군가 직업을 가질 수 있다면, 그것은 하나님의 백성일 것이라고 그는 가르쳤다. 그는 예수님께서 악한 영의 어떤 세력보다 크시며, 거기에는 경제, 실직, 정치에 영향을 미치는 세력도 포함된다고 가르쳤다.

우리 삶 속에 이스라엘의 거룩한 분을 제한하지 말아야 한다. 우리 각자에게 하나님의 디자인에 따라 개별적이고 고유한 소명이 있다. 간단히 말해서, 우리는 하나님께서 부르시는 무엇이든 될 수 있다. 그리고 우리는 우리의 행동과 도덕적 성품에 있어서 탁월할 수 있다.

왜냐하면 생명과 경건에 속한 모든 것에 대해 하나님께서 우리에게 은혜를 주시기 때문이다. 그러므로 우리는 바울과 함께 이렇게 선언할 수 있다. "오직 내가 그리스도 예수께 잡힌 바 된 그것을 잡으려고 달려가노라"(빌 3:12).

4. 남을 존귀하게 할 줄 알라

하나님께서 우리를 높이시기 전에 우리가 먼저 배워야 하는 것이 있다. 그것은 겸손히 순복하는 것이다. 성경은 주께서 겸손한 자에게 은혜를 주신다고 말씀한다(잠 3:34 참조). 만일 우리가 존귀와 영광을 받으려면, 먼저 남을 존귀하게 할 줄 알아야 한다. 남을 존귀하게 하면 하나님의 은총이 우리 삶에 흘러들어 온다.

우리가 받은 존귀와 은총은 하나님으로부터 오지만, 그것은 사람들을 **통해** 임한다. 예를 들어, 승진은 이 땅의 상사에게 은총을 받은 직접적인 결과로 이뤄진다. 그리고 우리의 상사들은 우리에게 존경과 존중을 받는다고 느낄 때, 우리를 더 승진시키는 경향이 있다. 당신의 상사에게 생일 카드를 주는 것 같은 작은 몸짓이 상대방에 대한 존중을 효과적으로 전달할 수 있다. 어떤 사람들은, 어떤 이유로든 상사를 존귀하게 하고 싶은 마음이 없을 것이다. 그러나 하나님의 질서의 일부로서 권위를 적절히 존중하고 축복할 줄 알아야 한다. 그런 식으로 해서 하나님의 축복이 그들의 삶에 흘러들어 갈 것이다.

십계명의 다섯 번째를 생각하라. 부모를 공경하면 장수할 것이라고 말씀한다. "너는 네 하나님 여호와께서 명령한 대로 네 부모를 공경하라 그리하면 네 하나님 여호와가 네게 준 땅에서 네 생명이 길고 복을 누리리라"(신 5:16). 우리의 부모님이 그리스도인이든 아니든, 심지어 존경할 만하든 아니든 상관없다. 우리가 부모를 공경하면, 하나님의 질서에 따라, 우리가 잘될 것이라고 말씀하신다. 우리 위에 권위로 두신 자들을 우리가 존중할 때마다 하나님께서 은총과 축복을 우리 삶 속에 드러내신다.

내가 영적 권위와 이 땅의 권위 하에 올바로 나 자신을 맞추었을 때, 내 삶에 하나님의 축복이 임했다고 나는 증언할 수 있다. 우리가 남을 존중할 줄 알고, 하나님께서 주신 권위 하에 우리 자신을 올바로 맞출 때, 주님의 존귀와 은총이 우리 삶 속에 풍성히 임할 것이다. 이것은 하나님의 영광의 흐름 안에 머물기 위해 결정적으로 중요하다. 다음 장에서 이 주제를 좀더 자세히 살펴보겠다.

5. 하나님과 사람에게 은총을 구할 줄 알라

하나님께서 영광을 위해 우리를 지으셨다. 그러나 그리스도의 몸 안의 많은 사람들이 하나님께서 그들에 대해 뜻하신 영광과 존귀를 못 받고 있다. 왜 그런가? 그 질문에 대해 야고보가 한 가지 대답을 준다. "너희가 얻지 못함은 구하지 아니하기 때문이요 구하여도 받지 못함은 정욕으로 쓰려고 잘못 구하기 때문이라"(약 4:2-3).

하나님께서 문을 열고 닫으신다. 그분은 각양 좋고 온전한 선물을 주시는 분이시다(약 1:17). 그러므로 우리의 마음에 원하는 것을 단순히 주님께 구할 줄 알아야 한다. 예수님께서 우리에게 말씀하셨다. "구하라 그리하면 너희에게 주실 것이요 찾으라 그리하면 찾아낼 것이요 문을 두드리라 그리하면 너희에게 열릴 것이니"(마 7:7). 우리가 하나님께 어떤 것을 구할 때, 하나님의 뜻에 따라 그것을 우리에게 주실 것이다.

그러나 구할 때, 우리의 동기가 순수해야 한다. 야고보에 따르면, 우리가 구한 것을 받지 못했을 때는 부적절한 동기로 구한 것일 수 있다(약 4:3 참조). 나는 특히 어떤 은총을 구하거나 문이 열리기를 구할 때, 내 마음을 살펴 주시고, 나의 의도와 포부가 순결한지 보여 달라고 항상 하나님께 간구한다.

은총을 구하는 적절한 방법은 우리의 욕망에 대해 죽으려는 자세를 갖는 것이다. 우리의 구함에 대해 하나님께서 '예스', '노', '아직'으로 응답하실 수 있다. 그러나 응답이 무엇이든, 성경은 이렇게 말씀한다. "너는 마음을 다하여 여호와를 신뢰하고 네 명철을 의지하지 말라 너는 범사에 그를 인정하라 그리하면 네 길을 지도하시리라" (잠 3:5-6).

설령 우리의 요청이 거절되더라도, 우리는 하나님의 선하심과 신실하심을 신뢰하려 해야 한다. 왜냐하면 우리 삶에 무엇이 최선인지 하나님께서 아시기 때문이다.

주님께서는 자녀들에게 좋은 선물을 주고 싶어 하신다. 그러므로 우리는 이 땅의 수단들을 통해서도 하나님의 축복을 볼 것을 기대해야 한다. 그것은 승진, 금전, 관계 회복 등등에서이다. 예수님께서 우리에게 말씀하신다.

"너희가 악한 자라도 좋은 것으로 자식에게 줄 줄 알거든 하물며 하늘에 계신 너희 아버지께서 구하는 자에게 좋은 것으로 주시지 않겠느냐" (마 7:11).

만일 우리가 하나님과 사람들에게 은총을 구할 줄 알고, 올바른 성품, 인격, 동기를 가진다면, 주님께서 창세부터 우리를 위해 예정하신 영광과 존귀를 우리에게 부어 주실 것이다.

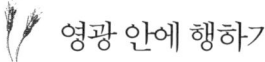 영광 안에 행하기

하나님의 영광을 우리에게 회복시키기 위해 하나님께서 하실 수 있는 모든 것을 다 하셨다. 예수님의 희생의 죽음과 부활을 통해, 이제 우리는 하나님께서 우리를 창조하실 때 예정하셨던 영광과 존귀에 나아갈 수 있다.

우리는 땅 위에서 하나님과 함께 다스리며 통치할 수 있고, 어둠을 지배할 수 있다. 우리가 하나님께서 주신 영광 안에 행해서 하나님의 이름에 더 많이 영광 돌리기를 하나님께서 바라신다.

우리가 하나님의 영광을 받을 때, 그것을 세상에 반영하게 될 것이다. 하나님께서 주시는 영광과 존귀 안에서 하나님의 자녀들이 행하는 것을 볼 때, 세상은 하나님이 정말로 어떤 분이신지 보게 될 것이다. 그리고 그들은 세상의 참 구원자이신 예수님을 만나러 나아올 것이다.

7장 하나님의 영광과 개인의 거룩함

2008년 3월 22일에 나의 절친한 친구이자 내가 그리스도의 몸 안의 중요한 여선지자로 생각하는 신디 제이콥스가 우리 교회에 대한 예언의 말을 줬다. 그중 한 부분은 다음과 같았다. "주님께서 전면적인 거룩함의 운동을 일으키실 것입니다. 그래서 이 땅에 아직까지 없었던 영광의 역사의 문을 여실 것입니다."

신디는 미처 몰랐지만, 불과 몇 주일 전에 나의 멘토이자 글로벌 하베스트 미니스트리 대표인 피터 와그너가 우리 교회 리더들과 가진 모임에서 거룩함의 주제를 꺼냈었다. 많은 사람들이 피터를 그리스도 몸 안의 주요 사도로 보고 있다. 그 날 그가 우리에게 말했다. "내가 가진 가장 강력한 메시지는 거룩함의 메시지입니다."

그는 자신의 삶을 예로 들었다. "나는 오늘 하루 종일 죄를 짓지 않았습니다. 그리고 오늘 나머지 시간에도 죄를 짓지 않을 생각입니다." 그는 잠깐 생각하고 나서 말을 이었다. "사실은 어제도 나는 죄를 짓지 않았습니다. 그저께도 죄를 짓지 않았습니다. 그리고 내일도 죄를 짓지 않을 생각입니다."

나는 그것을 듣고 처음에 깜짝 놀랐다. 피터가 그 이야기를 나눈 것은 자랑하기 위해서가 아니라, 단순히 사실을 말하기 위해서였다. 그 사실은 나 자신을 성찰하게 했다. '오늘 내가 성경의 어느 계명을 어기는 죄를 지었는가?' 그것을 심사숙고하고서 나는 그 날 죄를 짓지 않았다는 것을 깨달았다. 그 다음에 나는 그 전날에도 죄를 짓지 않았다는 것을 깨달았다. 그리고 분명히 나는 다음날에도 죄를 지을 생각이 없었다.

그것을 생각해 보고서 나는 깨닫게 되었다. 이전 같으면 내 삶에 그런 일이 일어나기 매우 어려웠을 것이다. 그러나 이제는 내게 그것이 비교적 쉬웠다. 피터처럼 나도 자랑하기 위해서 나누는 것이 아니라, 피터와 가진 시간을 통해, 우리가 거룩한 삶을 사는 능력이 **발전할 수 있음**을 깨달았다고 말하려는 것이다.

이것은 내게 희망과 용기를 준다. 왜냐하면 주님께서 우리를 거룩함으로 부르시기 때문이다. 주님께서는 주님이 거룩하시듯 우리도 거룩하라고 명령하신다. 그것이 불가능해 보이더라도, 주님께서 불가능한 것을 명령하지 않으신다는 것을 나는 안다. 우리를 거룩함으로 부르시는 것은 우리를 거룩하게 만드시는 주님의 은혜에 순복하라는 것이다.

이사야 선지자를 통해 하나님께서 말씀하신 것을 생각해 보라.

이는 주께서 심판하는 영과 소멸하는 영으로 시온의 딸들의 더러움을 씻기시며 예루살렘의 피를 그 중에서 청결하게 하실 때가 됨이라 여호와께서 거하시는 온 시온 산과 모든 집회 위에 낮이면 구름과 연기, 밤이면 화염의 빛을 만드시고 그 모든 영광 위에 덮개를 두시며

이사야 4:4-5

우리는 이 본문에서 하나님께서 성령으로 그분의 백성을 거룩하게 만드시는 것을 본다. 성령의 능력에 의한 은혜의 역사를 떠나, 우리가 거룩해지는 것은 불가능하다. 하나님께서 우리 내면을 거룩하게 하신 후에, 하나님의 영광을 보내셔서 그 영광이 우리를 덮개처럼 덮게 하신다. 이사야는 거룩해진 후 영광이 임하는 과정을 이렇게 묘사했다.

너희는 광야에서 여호와의 길을 예비하라 사막에서 우리 하나님의 대로를 평탄하게 하라 골짜기마다 돋우어지며 산마다, 언덕마다 낮아지며 고르지 아니한 곳이 평탄하게 되며 험한 곳이 평지가 될 것이요 여호와의 영광이 나타나고 모든 육체가 그것을 함께 보리라   이사야 40:3-5

이사야서의 이 본문에서 우리는 주님의 영광이 나타나기 전에 거룩함의 대로가 준비되어야 한다는 것을 알 수 있다. 하나님께서 다시 오시기 전에 모든 것을 평탄하게 하시고, 우리를 거룩하게 만드실 것이다.

거룩함이란 무엇인가?

율법주의 대 방종

우리가 거룩함을 추구하는 것은 중요하다. 히브리서 저자도 말했다. "이것(거룩함)이 없이는 아무도 주를 보지 못하리라"(히 12:14). 그러나 거룩하려면, 먼저 거룩함이 무엇인지 정의해야 한다.

슬프게도, 오늘날 교회의 많은 사람들은 거룩하다는 것이 무슨 의미인지 모른다. 한편으로는, 종교적 영이 교회에 침투해서 율법주의로 채우고, 성경적 절대가치와 일치하지 않는 기준으로 채우고 있다. 다른 한편으로는, 극단적 은혜를 너무 강조해서, 그리스도의 제자들이 죄를 짓도록 엄청난 방종을 준다.

이것은 교회에 새로운 문제가 아니다. 약 2,000년 전, 갈라디아에 쓴 편지에서, 바울은 두 종류의 그룹을 모두 다루었다. 갈라디아 교회의 한 극단은 예수님을 믿는 유대인이었다. 그들은 할례를 받지 않으면 정말로 구원받을 수 없다고 믿었다. 그래서 바울은 그들의 믿음이 성경적이지 않다고 말해야 했다(갈 2장 참조). 반면에 또 다른 교회 내 극단이 있었다. 어떤 이방인 신자들은 부도덕, 시기, 술 취함에 빠졌다. 바울은 그들에게 경고했다. "이런 일을 하는 자들은 하나님의 나라를 유업으로 받지 못할 것이요"(갈 5:21).

바울은 갈라디아서에서 두 그룹을 번갈아 가며 다루었다. 두 그룹의 믿음의 출발점이 다르므로 다른 종류의 지적이 필요하다는 것을 바울은 알았다. 예수님을 믿는 유대인들은 순종을 강조하던 배경 하에서 그리스도께 왔으므로, 바울은 그들에게 은혜를 강조했다. 이방인 신자들은 방종한 삶을 살았던 배경이 있었으므로 육신의 일의 결과를 그들에게 강조했다. 바울의 편지, 갈라디아서는 오늘날 교회 안의 너무나 많은 사람들에게 영향을 미치는 비슷한 상황을 잘 묘사하고 있다. 그 두 가지 극단이 지금도 교회 안에 있다.

성경적 정의

거룩함의 헬라어 신약성경의 원어는 **하기오스**(hagios)이다. 그것은 '구별되다'를 의미한다. 일단 우리가 거듭나면, 주님께서 우리를 하나님을 위한 하나님의 백성으로 구별하신다. 예수님을 믿는 우리의 믿음을 통해 우리를 거룩함(하나님과의 올바른 관계) 안으로 이끄신다. 우리가 그리스도 안에 있다는 신분이 그리스도의 거룩함을 우리에게 전가시킨다.

한편으로, 우리는 이미 거룩하다. 베드로가 우리에게 말한다. "너희는 택하신 족속이요 왕 같은 제사장들이요 거룩한 나라요 그의 소유가 된 백성이니 이는 너희를 어두운 데서 불러내어 그의 기이한 빛에 들어가게 하신 이의 아름다운 덕을 선포하게 하려 하심이라"(벧전 2:9). 그래서 바울이 에베소, 고린도, 그 외의 다른 곳의 교회들에 있는 '성도들'에게 편지를 썼던 것이다. 사실은 모든 신자가 성도이다. 성경은 말씀한다. "하나님이 죄를 알지도 못하신 이를 우리를 대신하여 죄로 삼으신 것은 우리로 하여금 그 안에서 하나님의 의가 되게 하려 하심이라"(고후 5:21). 그리스도 안에서 우리가 거룩하다는 사실이 받아들이기 매우 어려울 수 있다. 그러나 우리가 하나님의 말씀을 묵상함으로 우리의 생각을 새롭게 할 때, 우리는 그것을 받아들일 수 있다. 우리가 일단 예수님을 영접하면 하나님과 올바른 관계에 서게 된다는 것을 우리는 이해하게 된다.

우리가 그리스도 안에서 거룩해진다는 것을 이해하는 것이 중요하다. 한편, 그렇다면 우리는 충분히 거룩한가? 거룩하다는 것은 또한 **죄와 구별**됨을 의미한다. 성경은 우리가 그리스도 안에서 하나님의 의가 된다고 말씀한다(고후 5:21 참조). 우리에게 거룩한 신분이 전가된다. 그러나 우리의 행위는 늘 더 거룩해질 여지가 있다.

매일 우리는 우리 자신을 성별하기를 선택해, 우리 삶을 하나님과 하나님을 섬기는 데 구별해 드릴 수 있다. 우리는 적극적으로 죄를 떠나고는 예수님의 모범을 따라 우리의 행위를 하나님의 뜻과 일치시킨다. 이것은 순식간에 이뤄지지 않는다. 우리는 거룩함을 점진적으로 배우고, 한 번에 한 걸음씩 거룩함을 추구한다.

나는 그것을 이렇게 생각한다. 나는 구원받았다. 나는 구원받고 있다. 나는 구원받을 것이다. 간단히 말해서, 내가 예수님을 영접했을 때 **나는 구원받았다**. 오늘 나는 **성화되는** 과정 중에 있다. 그리고 나는 예수님의 재림 시에 **구원될 것이다**. 우리에 대해 주님께서 바라시는 것은 우리가 거룩함 안에서 성장하고 성숙하는 것이다.

종종 우리가 거룩함이라고 생각하는 것은 성경적 표준과 일치하지 않는다. 거룩함에 대한 우리의 개념은 성경적 표준에서 **유추되었을** 수도 있지만, 또한 문화적 표준이나 개인적 선호로부터 영향을 받았을 수도 있다. 우리의 문화적 표준이나 개인적 선호를 성경의 표준과 같은 레벨에 두면 문제가 발생한다.

성경적 표준

거룩함에 대한 성경의 표준은 분명하다. 출애굽기 20장의 십계명이 분명한 기준이 된다. 그것은 다음과 같다. 다른 신을 숭배하지 말라, 우상을 갖지 말라. 하나님의 이름을 오용하지 말라. 안식일을 준수하라. 부모를 공경하라. 살인하지 말라. 간음하지 말라. 도둑질하지 말라. 거짓말하지 말라. 탐내지 말라.

신약에서 바울도 비슷한 지침을 준다. 갈라디아 교회에 바울이 이렇게 편지를 썼다. "육체의 일은 분명하니 곧 음행과 더러운 것과 호색과 우상 숭배와 주술과 원수 맺는 것과 분쟁과 시기와 분냄과 당 짓는 것과 분열함과 이단과 투기와 술 취함과 방탕함과 또 그와 같은 것들이라"(갈 5:19-21).

골로새인들에게 쓴 편지에서 바울이 이렇게 훈계했다.

그러므로 땅에 있는 지체를 죽이라 곧 음란과 부정과 사욕과 악한 정욕과 탐심이니 탐심은 우상 숭배니라 이것들로 말미암아 하나님의 진노가 임하느니라 너희도 전에 그 가운데 살 때에는 그 가운데서 행하였으나 이제는 너희가 이 모든 것을 벗어 버리라 곧 분함과 노여움과 악의와 비방과 너희 입의 부끄러운 말이라 너희가 서로 거짓말을 하지 말라 옛 사람과 그 행위를 벗어 버리고 새 사람을 입었으니 이는 자기를 창조하신 이의 형상을 따라 지식에까지 새롭게 하심을 입은 자니라

골로새서 3:5-10

구약이나 신약에 열거된 모든 죄는 거룩함에 대한 성경의 기준을 명백히 위반하는 것이다.

 문화적 표준과 개인적 선호

율법주의의 덫

문화의 표준은 사람들의 집단에 강력한 영향을 미친다. 집단은 국가, 인종, 정치, 종교, 그 외의 다른 것으로 규정된다. 우리 모두가 여러 집단에 속하며, 집단마다 다른 문화적 표준이 있다. 종종 우리가 그 문화의 표준을 받아들이지 않으면, 그 집단의 구성원이 될 수 없다. 때로는 그 표준이 매우 왜곡되어 있지만 집단 내의 사람들에게 정상으로 여겨진다.

예를 들어, 최근에 뉴스에 보도된 텍사스의 일부다처제 사교 집

단이 있다. 거기서는 성인 남자가 어린이들을 신부로 맞이하는 것에 대해 사교집단 멤버들이 의문을 제기하지 않는다. 그들의 조용한 용납은 우리에게 이상하고 불건전해 보인다. 그러나 솔직히, 우리가 인정할 수밖에 없는 사실이 있다. 점점 우리가 살고 있는 사회의 문화적 표준이 바뀌고 있고, 우리에게 순응하라는 압력을 가중시키고 있다. 그렇지 않으면 우리는 '편협한' 사람으로 간주될 위험에 처해 있다.

문화적 표준과 반대로, 개인적 선호는 개인이 받아들이는 내적 표준이다. 그것이 그 사람에게는 유용할지라도, 다른 사람들에게는 지나칠 수 있다. 문화적 표준과 개인적 선호, 모두가 시간이 흐름에 따라 변한다. 그러나 성경적 표준은 변하지 않는다. 왜냐하면 그것이 하나님의 성품과 명령에 기반을 두기 때문이다. 하나님의 표준이 없으면, 우리를 안정시켜 줄 닻이나 우리 길을 안내해 줄 나침반이 없는 것이다.

불행히도, 흔히 기독교 그룹들은 성경적 표준 외에, 특정 문화적 표준이나 개인적 선호를 너무 강조한다. 그런 쟁점의 한 예가 텔레비전 시청이다. 어떤 교회 그룹들이나 문화들에서는 텔레비전 시청이 악하다고 말한다.

여러 해 전에, 우리 교회의 한 교인이 이 쟁점에 초점을 두며 거액의 십일조를 냈다. 그는 매우 심각하게 말했다. "목사님, 매우 중요하게 상의할 것이 있어요. 저는 이것이 주님의 말씀이라고 믿어요. 하베스트 락 교회의 모든 사람에게 텔레비전을 치워버리라고 말씀하셔야 해요." 그는 그 행동이 모든 사람에게 필요하다고 진심으로 확신하고 있었다.

나는 대답했다. "어떤 사람들은 텔레비전에 매여 있어서 정말로 텔레비전을 치워야 할 필요가 있을 거예요. 그러나 제가 강단에서 그것을 규정으로 선포하면 율법주의가 돼요. 그것은 종교적 영으로부터 나오는 거예요." 그는 자기도 모르는 새에, 하나의 문화적 표준을 너무 높여서 그것이 성경적 표준으로 믿고 있었다.

이런 종류의 율법주의가 교회사에 반복해 나타났다. 사람들은 자신의 문화적 표준이나 개인적 선호를 그리스도의 몸 전체에 성경적 표준으로 확대시켰다. 가령, 화장을 하는 것이 죄가 되었다. 청바지나 바지를 입는 것이 여자의 죄가 되었다. 어떤 교단에서는 여자들이 머리카락을 자르는 것이 죄로 여겨져 허락되지 않았다. 영화관에 가지 않는 것을 성경적 표준이라고 지나치게 높였다. 알코올 섭취 금지도 그렇다. 성경은 술 취함이 죄라고 분명히 밝히지만, 술 취하지 않고 포도주를 마시는 것은 죄가 아니다(갈 5:21 참조).

문화적 표준과 개인의 선호의 예는 춤, 카드놀이, 장신구 착용 등 여러 가지로 이어진다. 불행히도, 오늘날에도 많은 그룹들이 성경 말씀과 다른 죄의 유형들을 규정하고 있다. 춤추는 것은 죄가 아니지만, 어떤 사람은 춤추지 않는 것을 개인적으로 선호할 수 있다. 우리의 개인적 선호는 우리 자신의 개인적 거룩함 추구에 매우 유용할 수 있지만, 그것을 나머지 모든 사람에 대한 일반적 규칙으로 만들지 말아야 한다.

방종의 덫

하나님의 거룩함의 표준을 분명히 알고 따르지 않으면, 방종의 덫에 빠질 위험이 있다. 성적 부도덕은 분명히 성경의 표준을 어기는 것이지만, 많은 약혼 커플들이 혼전 성관계를 정당화하려고 한다. 그들은 말한다. "우리는 어차피 결혼할 거니까 괜찮아요." 그러나 성경은 음행이 죄라고 밝힌다. 성에 대한 성경적 질서는 매우 분명히, 혼전 순결과 배우자에 대한 정절이다.

타협하면 방종에 빠지기 쉽다. 우리 사회에서는 '악의 없는 거짓말'이 아무에게도 해를 끼치지 않는다면 용인된다. 탈세와 거래 관행을 따르는 것이 들키지만 않는다면 영리한 것으로 간주된다. 그리고 단속 경찰이 없는지 둘러보며, 속도 제한을 위반해 보지 않은 사람이 누가 있겠는가?

간음은 죄이다. 동성애는 죄이다. 그리고 우리가 '사소하게' 생각하는 다른 것들도 악하다. 우리는 거룩함에 대한 표준을 분명히 해야 한다. 성경이 표준을 세우는 것이지, 당신이나 내가 아니다. 우리 삶에 대한 하나님의 표준에 순종할 때, 우리는 거룩함을 실행하고 있는 것이다. 그리고 그 표준을 떠나면 문제에 빠진다. "어떤 길은 사람이 보기에 바르나 필경은 사망의 길이니라"(잠 14:12).

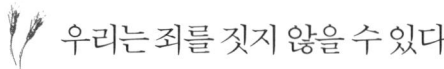 우리는 죄를 짓지 않을 수 있다

그리스도인과 죄에 대해 성경이 무엇이라고 말씀하는가? 사도 요한이 우리에게 말한다. "그 안에 거하는 자마다 범죄하지 아니하나니 범죄하는 자마다 그를 보지도 못하였고 그를 알지도 못하였느니라…하나님께로서 난 자마다 죄를 짓지 아니하나니 이는 하나님의 씨가 그의 속에 거함이요 저도 범죄치 못하는 것은 하나님께로 났음이라(요일 3:6, 9).

요한은 분명히 말한다. 우리는 예수님의 제자로서 죄를 짓지 않을 수 있다. 우리는 더 이상 율법 하에 있지 않고, 은혜 아래 있다(롬 6:14참조). 그리고 우리가 하나님의 은혜 아래 있으면, 우리는 죄의 속박 하에 있지 않다.

나는 주님께 삶을 드리기 전에 마약 중독자였다. 내가 거듭났을 때, 나는 마약에서 해방되었다. 하나님의 은혜와 변혁의 능력으로, 이후로 나는 단 한 번도 마약을 하지 않았다. 더 이상 하고 싶은 욕구가 없었다. 내 삶의 경험은 바울이 디도서 2장 11-12절에서 말한 진리를 내게 가르쳐 주었다. "모든 사람에게 구원을 주시는 하나님의 은혜가 나타나 우리를 양육하시되 경건하지 않은 것과 이 세상 정욕을 다 버리고 신중함과 의로움과 경건함으로 이 세상에 살고."

예수님께서 거룩하고 흠이나 점이 없는 신부를 만나러 오신다. 나는 그리스도의 몸에 거룩함의 부흥이 일어나 우리의 교회들과 열방을 휩쓸 수 있다고 믿는다.

🌾 예수님의 제자도 죄를 짓는다

이제 매우 반대되는 것 같은 말을 하겠다. **예수님의 제자도 죄를 짓는다.** 요한이 이렇게 썼다.

> 만일 우리가 죄가 없다고 말하면 스스로 속이고 또 진리가 우리 속에 있지 아니할 것이요 만일 우리가 우리 죄를 자백하면 그는 미쁘시고 의로우사 우리 죄를 사하시며 우리를 모든 불의에서 깨끗하게 하실 것이요 만일 우리가 범죄하지 아니하였다 하면 하나님을 거짓말하는 이로 만드는 것이니 또한 그의 말씀이 우리 속에 있지 아니하니라 요한일서 1:8-10

요한은 상습적으로 죄를 짓는 사람은 하나님의 참 자녀가 아니라고 밝힌다. 그리스도 안에 있을 때의 자연스러운 열매는 상습적 죄를 짓지 않는 것이다. 그렇다고 해서 우리가 죄를 전혀 짓지 않는다는 의미는 아니다. 우리 삶 속에 상습적 죄가 없다는 말이다.

우리가 그리스도 안에서 성장함에 따라, 우리 삶은 자연히 점점 더 그리스도를 닮는다. 간단히 말해서, 참된 그리스도인은 상습적 죄를 짓는 생활을 더 이상 하지 않는다. 그러나 그것은 우리가 죄를 지을 수 없다거나, 전혀 죄를 짓지 않는다는 의미가 아니다.

만일 우리가 항상 성령으로 채워지고 은혜 안에 산다면, 죄를 짓지 않을 수 있다는 것이다. 그러나 우리가 죄를 짓더라도, 은혜가 베풀어진다. 그래서 우리는 이 두 가지 진리의 팽팽한 긴장 속에 살고 있다. 그리스도인은 이미 거룩하지만, 어떤 그리스도인도 아직 충분히 거룩하지 않다. 오직 우리가 천국에 갈 때에만 죄가 우리 삶에 들어올 가능성에서 완전히 해방될 것이다.

거룩함 안에 행하기

1800년대의 전도자 찰스 피니는 거룩함의 강력한 모범을 보여 주었다. 피니는 하나님께 너무나 성별되어서 그가 가는 곳마다 하나님의 나타난 임재가 함께했다. 피니가 한 공장에 들어갔을 때, 하나님의 임재와 깨우치심이 일하는 사람들에게 임했다. 그래서 그들은 설교를 듣기도 전에 울고 회개했다.

주님 앞에서 신실하고 거룩하게 행함으로써 찰스 피니가 가는 곳마다 하나님의 영광이 함께했다. 우리가 진정으로 거룩한 생활을 한다면, 우리도 오늘날 그런 하나님의 영광이 나타남을 볼 수 있을 것이라고 믿는다.

당신이 거룩한 행함에 헌신하도록 도와줄 다섯 가지 실제적 방안을 나누고자 한다.

1. **거듭나라.**

    예수님께 삶을 드리지 않았다면, 거룩해질 수 없다. 우리 중 아무도 자신의 힘으로 거룩해질 수 없다. 성경은 모든 사람이 죄를 지어 하나님의 영광에 이르지 못한다고 말씀한다(롬 3:23 참조). 하나님의 은혜로 하나님께서 우리를 의롭다고 선언하신다. 그리고 성령께서 우리를 내면부터 변화시키신다.

2. **내적 치유와 상습적 죄로부터의 해방을 구하라.**

    만일 당신이 반복적 죄와 씨름하고 있다면, 외부의 도움을 받으라. 내적 치유와 해방을 위한 사역들이 있다. 당신은 죄책감과 정죄감 속에 살 필요가 없다. 당신에게 자유의 길을 보여 줄 그리스도의 몸의 지체들이 있다.

3. **항상 성령의 충만함을 받으라.**

    "술 취하지 말라 이는 방탕한 것이니 오직 성령으로 충만함을 받으라"(엡 5:18). 나는 매일 아침, "나를 새롭게 채우소서"라고 하나님께 기도한다. 사랑, 희락, 화평, 오래 참음, 자비, 양선, 충성, 온유, 절제 안에 행할 수 있으려면, 우리 각자가 매일 성령으로 충만해져야 한다.

4. **매일의 영적 훈련에 신실하라.**

    "갓난아기들같이 순전하고 신령한 젖을 사모하라 이는 그로 말미암아 너희로 구원에 이르도록 자라게 하려 함이라"(벧전 2:2). 성경을 읽고 기도하는 영적 훈련을 대신할 다른 것은 전혀 없다. 하나님의 말씀을 묵상하는 것은 우리 마음을 새롭게 하고 우리의 길을 정결하게 한다(시 119:9 참조).

5. **공동체 안에서 개인적으로 서로 점검해 줄 사람을 찾으라.**

"내 형제들아 너희 중에 미혹되어 진리를 떠난 자를 누가 돌아서게 하면 너희가 알 것은 죄인을 미혹된 길에서 돌아서게 하는 자가 그의 영혼을 사망에서 구원할 것이며 허다한 죄를 덮을 것임이라"(약 5:19-20). 그리스도의 제자로서 우리는 지역 교회에 헌신할 필요가 있다. 왜냐하면 다른 사람들로부터 점검을 받고, 제자훈련과 멘토링을 받을 필요가 있기 때문이다.

하나님께서는 그분의 백성이 성별되고 거룩한 삶을 살기를 바라신다. 찰스 피니처럼 자신을 하나님께 구별해 바치고 죄와 구별된 사람을 통해 하나님의 영광을 나타내기를 원하신다.

내 친구 신디 제이콥스처럼 나도 믿는다. 하나님께서 전에 보지 못한 영광의 역사를 일으키시기 전에, 교회 안에 전면적 거룩함의 운동을 일으키실 것이다. 나는 그 거룩함의 혁명이 일어날 때, 거기에 동참할 준비가 되어 있고 싶다. 만일 당신이 하나님의 은혜로 거룩해지는 데 헌신한다면, 하나님의 나타난 영광이 크게 임하는 것을 보게 될 것이다.

When Heaven Comes Down

8장 하나님의 영광을 더 받으려면

2008년 3월의 어느 날 저녁에 나는 런던에 있는 오아시스 교회에서 입추의 여지 없이 들어선 청중에게 메시지를 전하고 있다. 500좌석의 성전에는 서있을 자리밖에 없었다. 부속실도 하나님께 갈급한 사람들로 가득했다. 바깥의 그 부속실에 귀가 들리지 않는 한 여자가 앉아 있었다. 그녀는 그 날 저녁에 치료될 것을 믿고, 보청기를 집에 두고 왔다.

대형 화면으로 예배를 드리던 여자는 메시지가 분명히 들리지 않아서 실망했다. 그녀는 마음속으로 간절하게 하나님께 부르짖었다. 그녀가 막 자리를 뜨려 할 즈음에 주님께서 내게 지식의 말씀을 주셨다. 그래서 나는 청중에게 말했다. "부분적으로 청각을 상실한 분이 있습니다. 그의 귀가 지금 열리고 있습니다."

내가 그 말을 하자마자, 그 여자의 귀가 활짝 열렸다. 그녀는 완전하게 들을 수 있었다. 주님께서 그녀를 즉시 고치셨다! 그녀는 그 기적을 간증하려고 즉시 본당으로 왔다.

다른 방에서 텔레비전 화면으로 예배를 드리면서도, 이 여자가 하나님께 너무나 갈급했기 때문에 하나님께서 감동하셔서 내게 그녀를 위한 지식의 말씀을 주셨다. 그리고 하나님께서 그녀의 들리지 않던 귀를 치료하셨다.

받을 준비가 된 사람들에게 하나님의 영광을 부으신다. 우리는 하나님께서 하나님의 성품과 선하심을 우리에게 계시하기 원하시고, 표적과 기사를 나타낼 하나님의 능력을 우리에게 주기 원하신다는 것을 안다. 어떻게 하면 우리가 하나님의 영광을 받을 준비된 그릇이 될 수 있을까?

 어떻게 하나님의 영광을 받는가?

나는 하나님의 영광을 더 받기 위한 다섯 가지 핵심 요소가 있다고 믿는다.

1. 회개하고 성별되어라

첫 번째 열쇠는 핵심적이다. 요엘서 2장에서 하나님께서 그의 백성에게 회개를 촉구하신다. "여호와의 말씀에 너희는 이제라도 금식하고 울며 애통하고 마음을 다하여 내게로 돌아오라 하셨나니"(욜 2:12). 같은 장의 후반부에 다음의 구절이 이어진다. "그 후에 내가 내 영을 만민에게 부어 주리니 너희 자녀들이 장래 일을 말할 것이며 너희 늙은이는 꿈을 꾸며 너희 젊은이는 이상을 볼 것이며"(욜 2:28).

하나님께서는 성령을 붓기 전에 그분의 백성이 마음을 찢기를 요구하신다. 하나님의 나타난 임재인 영광이 나타나기 전에, 항상 먼저 회개가 있어야 한다. 우리가 회개하고 하나님께 돌아오면, 하나님께서는 우리가 하나님을 더 받아들일 준비가 되었음을 아신다. 그래서 우리 위에 하나님 자신을 부으심으로 응답하신다.

베드로가 사도행전 3장 19절에서 그 과정을 이렇게 요약했다. "너희가 회개하고 돌이켜 너희 죄 없이 함을 받으라 이같이 하면 새롭게 되는 날이 주 앞으로부터 이를 것이요."

하나님께서는 자신을 산 제사로 드리는 성별된 사람을 찾으신다. 그런데 어떤 신자들은 성별의 값을 치르고 싶어 하지 않을 수 있다. 왜냐하면 거룩함과 하나님의 뜻에 대한 순종이 요구되기 때문이다. 그러나 성경은 하나님께서 순종하는 자들에게 성령을 주신다고 말씀한다(행 5:32 참조). 우리가 회개하기로 선택하고, 하나님의 은혜로 하나님께 온전히 성별되기를 선택할 때만, 하나님께서 하나님의 영광을 부으시고, 우리 삶 속에, 그리고 우리 삶을 통해 하나님의 선하심과 능력을 드러내실 것이다.

2. 주리고 목마르라

회개하고 우리 자신을 하나님께 성별해 드리는 것 외에도, 우리는 하나님에 대해 주리고 목말라야 한다. 마태복음 5장 6절에서 우리에게 말씀한다. "의에 주리고 목마른 자는 복이 있나니 그들이 배

부를 것임이요." 우리가 하나님에 대해 주릴 때, 하나님의 영광을 비롯한, 하나님의 더 많은 것으로 채워 주신다.

에반 로버츠의 이야기를 생각해 보라. 그는 20세기 초에 석탄광산의 일자리를 그만두고 사역을 위해 공부한 젊은이였다. 로버츠는 하나님에 대해 간절했다. 그는 주변에 젊은이들의 그룹을 모아서 함께 11년간 꾸준히 기도하며, 하나님께 성령을 부어 달라고 간구했다. 그들의 갈급함 때문에 성령께서 1904년에 강력하게 임하셔서 웨일스 부흥이 도래했고, 그것이 전 세계에 파급되었다.[1]

역사상 많은 대부흥이 한 지역 교회의 성별된 소수의 개인들이 주리고 목말랐기 때문에 탄생했다. 1700년대의 제1차 대각성 운동의 선도적 부흥사였던 존 웨슬리가 말했다. "부흥을 보고 싶다면, 하나님에 대해 불붙어라. 그러면 당신이 불타는 것을 보려고 사람들이 올 것이다." 하나님의 역사를 도래시키는 데는 수많은 군중이 필요하지 않다. 한 사람이 하나님께 대해 끈질기게 갈급할 때 하나님의 임재가 나타난다.

주님의 임재에 대해 주리고 목마른 것은 부흥을 시작하는 열쇠일 뿐 아니라, 부흥이 일어났을 때 은혜를 **받는** 열쇠이기도 하다. 1994년에 하나님의 성령이 토론토에 부어졌을 때, 나는 그 당시 나와 동역하는 목사이자 절친한 친구 중 하나인 루 엥글과 함께 거기 참석했다.

루와 나는 거기서 하나님의 나타난 임재를 경험했다. 나는 루에게 말했다. "이 강에 뛰어들어 그 안에 계속 머물기로 지금 언약을 맺읍시다." 우리는 갈급해서 부흥에 헌신했다. 그 헌신의 결과로 우리는 하나님의 영광을 맛보았고, 우리의 삶과 사역 속에서 엄청난 축복을 경험했다.

한 가지 축복은 우리 하베스트 락 교회에 1995년에 일어난 부흥이었다. 우리는 3년 반이 넘게 매주일 다섯 번의 저녁 집회를 열었다. 또 루와 내가 토론토에서 맺은 언약으로 '더 콜' 사역이 탄생했다. 그 청소년 운동으로 두 세대의 엄청난 사람들이 결집되어 부흥을 위한 기도와 금식의 날들을 개최했다.

2000년에는 40만 명이 넘는 젊은이가 워싱턴 D. C.에 모여 나라를 위해 금식하고 기도했다. 그 다음해에는 5만 명의 젊은이가 보스턴에 모였는데, 그 때는 9.11 비극 직후였다. 이어서 그것은 2002년에 뉴욕 주, 플러싱 메도우에서 약 9만 명이 모이는 집회로 이어졌다. 2007년에는 내슈빌의 타이탄 스타디움에 7만 명이 모였다.

하나님에 대한 우리의 굶주림과 목마름을 하나님께서 존귀하게 여기신다. 다윗 왕이 아들 솔로몬에게 이렇게 조언했다. "여호와께서는 모든 마음을 감찰하사 모든 의도를 아시나니 네가 만일 그를 찾으면 만날 것이요"(대상 28:9). 우리의 주권자 하나님께서 우리의 모든 생각과 갈망을 아신다. 우리가 진정으로 하나님에 대해 주리고 목마르며 하나님을 찾는다면, 우리 위에 그리고 우리를 통해 성령을 부으실 것이다.

3. 기름부음을 전달받으라

하나님의 영광을 경험하는 세 번째 열쇠는 부흥에 사용된 하나님의 사람들에게 기름부음을 전달받는 것이다. 기름부음 전달의 우선적 방법은 안수이다.

안수는 새로운 관행이 아니다. 그것은 구약과 신약 모두에서 언급되는 관습이다. 히브리서 6장 1-2절에서 그것을 회개, 믿음, 세례, 죽은 자의 부활, 영원한 심판과 더불어 그리스도 안의 삶의 기초 원리로 보고 있다. 구약에서는 야곱이 손자들에게 안수해서 축복을 전달하고자 했다(창 48:14 참조).

초대교회의 생활에서도 안수가 핵심적 역할을 했다. 사도들이 안수해 고쳤을 뿐 아니라(행 28:8 참조), 안수로 영적 은사를 전달했다. 베드로와 요한이 사도행전 8장 10절에서 사마리아인들에게 안수했을 때 그들이 "성령을 받는지라"고 성경은 말씀한다. 에베소에서 "바울이 그들에게 안수하매 성령이 그들에게 임하시므로 방언도 하고 예언도 하니"(행 19:6)라고 기록되었다.

안수로 뭔가 전달되는 것을 성경 전체에서 볼 수 있다. 즉 축복, 치유, 방언, 예언, 혹은 성령의 세례 등이 전달되었다. 이러한 전달은 오늘날에도 유효하다.

빌리 그레이엄이 2004년에 패서디나의 로즈 볼 스타디움에서 설교했을 때 나는 기름부음을 전달받았다. 나는 행사 위원회의 다른 네 명의 목사와 함께 그레이엄 목사를 만나는 놀라운 영광을 누렸다. 나는 예배 전에 로스앤젤레스 지역의 저명 목회자인 로이드 오길비 박사, 잭 헤이포드 박사, 켄 얼머 감독과 함께 초청을 받아 그를 만났다.

나는 회의 중에 용기를 내어 그레이엄 목사에게 기름부음을 전달 받고 싶다고 요청했다. 나는 그의 겸손한 대답에 놀랐다. 그는 주변에 있던 목사들에게 "제가 **여러분**으로부터 받아야 합니다"라고 말했다. 그래서 우리는 돌아가며 그에게 안수하고 기도했다. 그 다음에 우리가 둥그렇게 서서 서로 어깨동무를 한 가운데, 그레이엄 목사는 하나님께서 우리 모두를 축복하셔서 영혼 구원의 사역자가 되게 해달라고 기도했다. 그것은 능력의 순간이었다! 그가 우리를 위해 기도할 때, 나는 바로 그의 옆에 서는 축복을 받았다. 나는 그 기도 시간에 기름부음을 전달받았다고 믿는다.

성경에서 다른 기름부음의 전달 방법도 볼 수 있다. 열왕기하 13장 21절에서 말씀한다. "마침 사람을 장사하는 자들이 그 도적 떼를 보고 그의 시체를 엘리사의 묘실에 들이던지매 시체가 엘리사의 뼈에 닿자 곧 회생하여 일어섰더라." 심지어 죽음 후에도, 엘리사의 뼈는 여호와의 영광을 전달했다.

베드로의 그림자는 그리스도의 치유의 능력을 드러냈다. "심지어 병든 사람을 메고 거리에 나가 침대와 요 위에 누이고 베드로가 지날 때에 혹 그의 그림자라도 누구에게 덮일까 바라고"(행 5:15). 바울이 만진 손수건은 병자를 치료하고 귀신을 내쫓는 데 효과가 있었다. "하나님이 바울의 손으로 놀라운 능력을 행하게 하시니 심지어 사람들이 바울의 몸에서 손수건이나 앞치마를 가져다가 병든 사람에게 얹으면 그 병이 떠나고 악귀도 나가더라"(행 19:11-12).

분명히 하나님께서는 여러 방식으로 하나님의 영광을 나타내신다. 그러나 이 모든 다양한 예에서, 한결같이 하나님의 종들, 하나님의 기름부음과 능력을 가지고 있는 사람들을 통해 하나님의 영광을 전달하셨다.

우리는 하나님의 종들로부터 기름부음을 전달받기도 하지만, 부흥의 뜨거운 현장에 감으로써 주님으로부터 기름부음을 받기도 한다. 한 사역자 부부가 교인들을 데리고 부흥회에 참석하러 갔다. 그들이 밤늦게 도착해서 부흥회 장소에 갔더니 예배가 이미 끝난 후였다. 그 그룹 중의 한 아가씨는 신체적 고통을 겪고 있었다. 그날 밤에 그녀는 주님에 대해 너무나 갈급한 나머지, 빈 강단을 향해 앞으로 달려 나갔다. 그때 그녀에게 즉시 성령의 능력이 임해서 몸의 모든 고통이 사라졌다.

내가 말한 기름부음 전달의 예들이 좀 환상적이고 평범한 경험과 거리가 멀어 보일 수 있지만, 기름부음 전달은 정말로 강력한 실제이다. 하나님의 영광은 실체가 있다. 하나님의 영광이 어떤 사람을 만질 수 있고, 어떤 물체 위에 머물 수 있고, 어떤 장소를 채울 수 있다.

하나님의 영광은 초대교회 때와 마찬가지로 오늘날 우리에게도 실제로 역사할 수 있다. 왜냐하면 하나님께서 우리 위에 하나님의 영광을 붓기 원하시기 때문이다. 기름부음을 전달받는 것은, 안수를 통해서이든, 혹은 부흥의 뜨거운 현장에 참석함을 통해서이든, 하나님의 영광을 더 받는 중요한 한 방법이다.

4. 나누라

극히 중요한 이 열쇠가 자주 간과된다. 하나님께서 우리를 풍성히 축복하고 싶어 하시지만, 하나님의 영광은 단지 우리가 받아서 가지고 있기 위한 것이 아니다. 그것은 또한 우리도 나눠 줘야 하는 것이다. 일단 하나님의 영광을 받았으면, 중요한 것은 우리가 사람들을 위해 기도해 주고, 하나님 나라의 복음을 전파하고, 병자를 고치고, 예수님의 이름으로 귀신을 쫓아내는 것이다(막 16:15-20 참조).

하나님의 영광은 추수를 위한 것이다. 부흥은 교회에서 시작되지만, 우리가 하나님의 영광을 가지고 교회 밖으로 나가 지역 사회 안으로 들어갈 때, 불신자들이 영적 눈을 뜬다. 그러면 그들이 하나님의 선하심을 보고 이해하게 되어 하나님께 이끌리게 된다.

하나님의 영광을 교회 담장 밖으로 가져간다는 것은 표적과 기사를 우리가 살고 있는 지역 사회 안에 나타내야 한다는 것이다. 나는 모든 형태의 전도를 지지하며, 그것에는 전통적 의미로 복음을 전하는 것도 포함된다. 나는 복음 자체가 하나님의 구원의 능력이라고 믿는다(롬 1:6 참조). 내가 또한 확고하게 믿는 것은 우리가 표적과 기사와 예언을 통해 하나님의 임재와 능력을 나타냄으로써 하나님의 영광을 우리의 지역 사회 안에 나타내도록 명령을 받았다는 것이다.

우리는 2,000년이 넘게 "나라가 임하시오며 뜻이 하늘에서 이루어진 것같이 땅에서도 이루어지이다"(마 6:10)라고 주기도문으로 기도해 왔다. 우리는 하나님의 나라와 영광이 임하기를 갈망한다. 그런데 예수님께서 우리에게 친히 말씀하신다. "내가 하나님의 성령을 힘입어 귀신을 쫓아내는 것이면 하나님의 나라가 이미 너희에게 임하였느니라"(마 12:28).

만일 우리가 전파하는 복음에 표적과 기사가 따르지 않으면, 우리는 복음의 일부만 전하고 있는 것이다. 복음에는 죄로부터의 구원 이상이 있다. 온전한 복음은 성령 세례, 방언, 치유와 해방 등 표적과 기사의 나타남을 포함한다. 하나님께서는 우리가 가는 곳마다 하나님의 나라, 능력, 영광이 동반되기를 원하신다!

이런 방법 중 어떤 것으로든 복음을 나눌 준비가 되어 있다면, 그것은 하나님의 영광을 더 받는 한 가지 열쇠이다. 예수님께서 말씀하셨다. "지극히 작은 것에 충성된 자는 큰 것에도 충성되고"(눅 16:10). 우리가 이미 받은 것에 충성되다면, 하나님께서 우리에게 더 많이 주실 것이다.

최근에 나는 새로 생긴 세차장의 대기실에 있다가, 한 여자가 목 보호대를 하고 있는 것을 보았다. 그때 주님께서 내게 말씀하셨다. "저것은 교통사고 때문이 아니다. 저 여자는 병이 있다." 하나님께서 지식의 말씀을 주실 때, 특히 그렇게 구체적으로 주실 때는, 그 말씀의 충성된 청지기가 되어 행동하는 것이 중요하다. 나는 그 여자를 위해 기도해야 한다는 것을 알았다.

나는 그녀 옆에 앉아서 조용히 기도했다. "주님, 그녀에게 복음을 전하고 기도해 줄 수 있도록 문을 열어 주세요." 내가 그 기도를 마치자마자, 그녀가 대화를 시작하는 질문을 했다. "이 세차장이 어때요?"

"모르겠어요. 이제 겨우 두 번째예요." 나는 대답했다. 그리고 질문했다. "목이 어떻게 된 거죠?"

그녀가 말했다. "의자에 앉아서 의자를 뒤로 기울이다가 넘어져서 목을 다쳤어요. 큰 사고는 아니었지만, 목이 나아지지 않아요. 지압사와 의사에게 가보았는데, 부러진 곳은 없다고 했어요. 그러나 증상이 악화되었어요. 고통이 극심하고, 왼팔이 마비되기 시작했어요. 병원에 다시 가서 MRI를 찍어 보니, 저의 뼈에 병이 있었던 거예요. 그래서 목이 악화되고 있어요."

그것으로 주님께서 내게 주신 지식의 말씀이 확증되었다. 나는 그녀에게 말했다. "저는 이 지역 교회의 목사입니다. 제가 기도해 드려도 될까요?"

"예"라고 그녀는 즉시 말했다. 어떤 신자들은 낯선 사람을 위해 기도하기를 주저하며, 그들이 기도를 거절할 것이라고 생각한다. 그러나 내 경험으로는, 치료가 절실히 필요한 사람이라면, 그리스도인이든 아니든, 대부분 기도를 거절하지 않는다. 우리는 단지 믿음으로 발걸음을 내딛으면 된다. 나머지는 하나님께서 하실 것이다.

대기 장소의 다른 사람들이 지켜보는 가운데 나는 그녀를 위해 기도했다. 나의 기도는 간단했다. "아버지, 예수님의 이름으로 기도합니다. 당신의 능력으로 그녀를 완전히 고쳐 주십시오." 그러고 나서 나는 그녀에게 기도한 대로 행동하고, 치료됐는지 검증할 뭔가를 해보라고 했다. "목을 움직여 보세요"라고 나는 제안했다. "전에 할 수 없었던 뭔가를 좀 해보세요."

그녀는 목을 움직여 검증해 보고서 말했다. "고통이 없어요!" 그녀는 믿을 수 없이 놀라워했다. 그녀는 왼팔을 쉽게 들어 보이며 외쳤다. "더 이상 둔한 느낌이 없어요!"

그것은 놀라웠다. 나는 그녀에게 말했다. "예수님께서 오늘 당신에게 놀라운 선물을 주셨어요. 예수님께 당신의 마음을 드리고 싶으세요?"

"예!"라고 그녀가 외쳤다. 그녀는 세차장 대기 장소에서 주님께 마음을 드렸다.

하나님께서 우리가 그렇게 하기를 원하신다. 우리는 하나님의 영광을 교회 담장 밖으로, 우리의 직장, 우리의 학교, 식당, 심지어 세차장까지 어디든 가져가야 한다! 우리가 하나님의 영광을 나눠 줄 때, 하나님으로부터 더 많이 받을 수 있도록, 우리 자신을 여는 것이다.

5. 교회를 세우라

더 많은 영광을 받기 위한 다섯 번째 핵심 요소는 교회를 세우는 것이다. 하나님의 영광은 우리가 흡수해서 혼자 누리려는 것이 아니다. 하나님의 영광을 나타내시는 더 큰 목적이 있다. 초대교회가 사도행전 2장에서 오순절에 경험했듯이, 그들은 사도의 가르침, 떡을 뗌, 교제, 기도에 헌신했다(행 2:42 참조). 그들은 놀라운 부흥 속에서 교회 세우기를 지속했다.

가장 초기 그리스도인들은 가정에서 돌아가며 모였다. 우리는 그들이 영광에서 영광으로 이르렀던 것을 안다. 왜냐하면 사도행전 4장 31절 말씀대로, 그들이 사도행전 2장의 첫 성령 충만 후에도 거듭해서 성령으로 채워졌기 때문이다. 동시에 그들은 수적으로도 성장했다. "주께서 구원받는 사람을 날마다 더하게 하시니라"(행 2:47).

왜 그들은 거듭 성령 충만을 받으며 수적으로 성장했을까? 그들이 부흥 중에 교회를 세웠기 때문이다.

올바른 목회를 하면, 부흥이 교회를 세운다. 그러나 실제로는 쉽게 그렇게 되지 않는다. 부흥의 불을 잘못 다루면 영향을 별로 미치지 못하고 불이 꺼질 수 있다. 1994년에 성령이 토론토에 임했을 때, 두 가지 흐름의 사람들이 그 부흥에서 받은 것을 가지고 그들의 교회로 돌아갔다.

한쪽 사람들은 부흥의 목적을 이해하지 못했다. 그들은 흥분한 마음을 교회로 가져갔지만 그것은 오래가지 못했다. 그때 부흥의 주요 중심지였던 어떤 교회들은 오늘날 존재하지도 않는다. 반면에 어떤 교회들은 부흥을 전달받아서, 연장집회를 열며 성장했다. 그런 교회들은 오늘날 번창하고 있다.

더 초기의 부흥에도 그런 흐름이 있었다. 지저스 피플 운동에서 생긴 갈보리 채플은 오늘날에도 강하다. 포스퀘어 교단을 시작한 에이미 셈플 맥퍼스는 치유 집회를 열 뿐만 아니라, 교회를 세웠다. 그래서 오늘날 포스퀘어 교단의 교회는 전 세계에 수만 개가 있다.

1995년에 존 아노트와 내가 빈야드 교회 운동을 떠나기 전에, 존 윔버가 우리를 불러서 우리가 경험한 부흥에 대한 조언을 해주었다. 그가 말한 것 중에서 하나가 내게 깊이 새겨졌다. 그것은 단순하지만, 흥분의 도가니 속에서 간과하기 쉬운 것이다.

그는 우리에게 간절히 부탁했다. "교회를 세우십시오." 그는 소그룹을 유지하고, 주일학교를 유지할 구조를 세우라고 우리에게 조언했다. 우리는 그의 조언을 따랐다. 왜냐하면 존도 1980년대에 일어난 부흥 집회의 주최자가 되는 동안, 빈야드 교단을 잘 성장시켰기 때문이다.

예수님께서도 이런 말씀으로 교회를 세우라고 강조하셨다. "내 교회를 세우니 음부의 권세가 이기지 못하리라"(마 16:18). 하나님께서 성령을 부으심으로 하나님의 영광을 나타내실 때마다, 교회를 세우는 가장 큰 축복을 우리에게 주시는 것이다.

영광을 더욱 더

이 다섯 가지 요소인 회개와 성별, 주리고 목마름, 기름부음을 전달받음, 영광을 나눠 줌, 교회를 세움은 하나님의 영광을 더욱 더 받는 실제적 열쇠들이다. 나는 지난 14년간 부흥에 쓰임받으면서 이 열쇠들을 배웠고, 지금도 여전히 이 원리들을 따르고 있다.

내가 부흥에 쓰임받은 것을 하나님께 감사하고, 앞으로도 하나님의 은혜로 항상 부흥에 사용되고 싶다. 부흥을 이끌고 다니며, 87세의 나이에도 패서디나의 로즈 볼 스타디움을 인파로 채운 빌리 그레이엄 목사처럼 되고 싶다. 그가 강단에 서자마자, 하나님의 기름부음이 임했고, 성령께서 스타디움을 충만히 채우셨다. 그레이엄 목사는 나의 영웅이자 모범이다.

우리 교회에는 "은퇴하지 말고, 다시 불붙으라"는 구호가 있다. 우리가 지금까지 얼마나 많은 영광을 보았고, 하나님께 얼마나 능력 있게 쓰임받았든, 우리는 구주를 항상 더 경험할 수 있다. 우리 주님의 영광은 영원하고 무궁하다.

9장 영광에서 영광으로

When Heaven Comes Down

하나님의 영광의 물결이 휩쓰는 역사가 교회의 역사에 항상 있었다. 우리는 하나님이 무소부재하시며, 하나님의 임재가 항상 우리와 함께하신다는 것을 안다. 그러나 내가 말하는 영광이란 하나님의 나타난 임재이다. 그것을 통해 하나님께서 선하심을 계시하시거나 표적과 기사를 통해 하나님의 능력을 나타내신다.

오늘날 우리는 그것을 부흥이라고 부른다. 나는 부흥을 일으키시는 결정을 성령께서 주권적으로 하신다고 믿는다. 그러나 앞 장에서 논의했듯이, 우리가 하나님께 부르짖고 기도하며 갈급함을 가짐으로써 하나님 나라를 도래시킬 잠재성이 있다고 믿는다. 지난 수천 년 동안 그렇게 해서 부흥이 일어나는 것을 교회는 목격해 왔다.

하나님께서 성령의 물결을 연이어 반복해서 부어 주셨다. 지난 세기 후반부에 있었던 다음의 예들을 생각해 보라.

✖ 1948년에 캐나다에서 늦은 비 부흥이 시작되었다. 많은 치유 사역 전도자들이 고든 린지와 '치유의 음성' 운동 하에 연합해 나아갔다. 오랄 로버츠, 윌리엄 브래넘 등이 거기에 포함된다.

✱ 1958년에 캘리포니아 주, 밴 누이스에서 드니스 베넷에게 하나님께서 임하셨다. 그것은 은사주의 운동의 시작으로 이어졌다.

✱ 1967년에 지저스 피플 운동으로 부흥이 임했다. 척 스미스와 갈보리 채플이 그것을 이끌었다. 1971년에 새로운 정점에 이르렀을 때, 그 운동은 「타임」지 표지에 실리기까지 했다.

✱ 1982-1986년에 존 윔버는 풀러 신학교에서 경이적인 강의를 했다. 그것은 '애너하임 빈야드의 표적과 기사와 교회 성장'이었다. 그것으로부터 또 다른 영광의 물결이 임했다. 피터 와그너는 그 운동을 한 세기 동안 지속된 부흥 중에서 '제3의 물결'이라고 불렀다. 피터 와그너가 생각한 제1의 물결은 1906년의 아주사 거리 부흥이었고, 제2의 물결은 1958년의 은사주의 각성이었으며, 그것이 지저스 피플 부흥으로 이어졌다고 그는 봤다. 그리고 제3의 물결은 1980년대에 존 윔버와 함께 시작된 운동이었다.

하나님께서 영광의 물결을 연달아 보내 주시면서 하나님의 선하심과 능력을 나타내시기 때문에 우리가 그때마다 그 부흥의 물결을 타는 것이 가능하다. 이제 우리가 그렇게 영광에서 영광으로 이르는 것이 하나님의 뜻이라는 것을 살펴보려고 한다.

영광에 관한 성경의 원리

하나님의 백성이 영광에서 영광으로 나아간다는 성경 말씀의 원리를 살펴보고자 한다. 다음 본문은 구체적으로 개인의 변화에 대해 언급하지만, 부흥에도 적용되는 원리를 담고 있다.

> 돌에 써서 새긴 죽게 하는 율법 조문의 직분도 영광이 있어 이스라엘 자손들은 모세의 얼굴의 없어질 영광 때문에도 그 얼굴을 주목하지 못하였거든 하물며 영의 직분은 더욱 영광이 있지 아니하겠느냐 정죄의 직분도 영광이 있은즉 의의 직분은 영광이 더욱 넘치리라 영광되었던 것이 더 큰 영광으로 말미암아 이에 영광될 것이 없으나 없어질 것도 영광으로 말미암았은즉 길이 있을 것은 더욱 영광 가운데 있느니라
>
> 고린도후서 3:7-11

바울이 여기서 언급하는 "죽게 하는 율법 조문의 직분"은 십계명이라는 율법 하의 사역이다. 십계명만으로는 우리를 구원하지 못한다. 하나님의 은혜를 의지하지 않고, 혼자서 십계명을 지키려 한다면, 우리는 실패하고 말 것이다. 그러나 율법 자체는 영광스럽다. 그래서 십계명을 계시하실 때 하나님의 영광이 수반되었다.

여호와께서 모세에게 율법을 계시하실 때, 여호와의 영광을 유형적으로 나타내셨다. 하나님의 나타난 임재가 너무나 강력해서 이스

라엘 자손은 모세의 얼굴을 계속 볼 수 없을 정도였다. 모세가 여호와를 만난 후 영광이 그와 함께했기 때문이다. 그래서 사람들이 모세의 얼굴을 베일로 가려야 했다. 그러나 모세의 빛나는 얼굴조차 결국은 점차 빛을 잃었다. 하나님의 영광, 즉 여호와의 실제적이고 유형적인 임재가 모세의 얼굴 위에 임했지만, 시간이 흐르며 그것은 사라졌다.

구약의 이 예에서 너무나 생생히 묘사된 이 영광을 신약에서 우리가 그리스도와 함께 갖는 영광과 비교해 보고자 한다.

바울은 이 본문에서 "죽음의 직분"(율법)보다 더 영광스러운 "영의 직분"을 언급한다. 오순절 이후로 새 언약 하에서 하나님께서 **모든** 육체에 성령을 부어 주신다. 단지 모세라는 **한** 사람에게만이 아니다. 그 부음에 연결되는 사람들은 하나님의 영광을 받을 수 있다. 구약의 선자자인 모세가 그런 영광을 가졌다면, 예수 그리스도를 통해 하나님의 새 언약과 함께 임한 의의 직분은 구약의 직분보다 더 큰 영광을 가질 것이다.

죄와 사망에 대한 그리스도의 승리에 담긴 새 언약을 언급하면서, 바울이 말했다. "하나님이 죄를 알지도 못하신 이를 우리를 대신하여 죄로 삼으신 것은 우리로 하여금 그 안에서 하나님의 의가 되게 하려 하심이라"(고후 5:21). 우리 모두는 예수 그리스도를 구주로 영접할 때 그분의 피로 의로워진다. 그리고 이제 우리는 모세보다 더 큰 영광 안에서 행할 잠재성이 있다. 왜냐하면 우리가 더 큰 새 언약을 가졌기 때문이다.

바울은 놀라운 성경구절로 본문의 결론을 맺는다. "우리가 다 수건을 벗은 얼굴로 거울을 보는 것 같이 주의 영광을 보매 그와 같은 형상으로 변화하여 영광에서 영광에 이르니 곧 주의 영으로 말미암음이라"(고후 3:18).

하나님의 원리는 우리가 영광에서 영광으로 이르며, 그리스도의 형상으로 화하는 것이다. 그것은 예수님께서 재림하시거나, 우리가 예수님이 계신 본향으로 돌아갈 때까지, 다가오는 모든 부흥의 새 물결에 우리가 잠겨야 한다는 것이다. 나는 하나님께서 그것을 원하신다고 믿는다.

예수님께서 우리에게 "하나님이 성령을 한량없이 주심이니라"(요 3:34)고 말씀하셨다. 그것은 하나님께서 우리에게 아낌없이 성령을 주신다는 의미이다. 하나님의 뜻은 온 땅이 하나님의 영광으로 충만한 것이다. 그것을 위해, 하나님의 영광으로 땅을 채우실 것이고, 모든 육체에 성령을 부어 주실 것이라고 약속하신다. "이는 물이 바다를 덮음같이 여호와의 영광을 인정하는 것이 세상에 가득함이니라"(합 2:14).

나는 부흥 속에서 하나님의 나타난 영광이 내 삶을 변화시키는 능력을 직접 경험했다. 나는 지저스 피플 운동을 통해 구원받았다. 내가 목회하는 하베스트 락 교회는 토론토 축복을 통해 일어난 부흥 속에 탄생했다. 그때부터 나는 새로운 부흥이 전 세계 곳곳에서 일어날 때마다, 그 안에서 하나님을 특별하게 만나려고 애쓰고 있다.

새 물결을 통한 능력의 회복

부흥의 역사를 살펴볼 때, 하나님께서 부으시는 각각의 물결이 중요하다는 것을 알 수 있다. 왜냐하면 각각의 부흥 속에서 하나님께서 어떤 것을 회복시키시기 때문이다. 지난 반 세기 동안, 우리는 하나님께서 각 운동 안에서 사도, 선지자, 전도자, 목사, 교사의 5중 사역의 직분을 회복시키신 것을 볼 수 있다.

예를 들어, 1948년에 하나님께서 유명한 빌리 그레이엄을 통해 전도를 새롭게 하셨을 뿐 아니라, 치유 사역을 통한 전도자로는 A. A. 앨런, 잭 코우, 오랄 로버츠, 윌리엄 브래넘, T. L. 오스본 등이 있었다. 1958년에는 은사주의적으로 복음을 선포하고 사역한 목사들이 등장했다. 가령 데니스 베넷(은사주의 성공회), 래리 크리스천슨(은사주의 루터파), 제럴드 더스틴(은사주의 메노파) 등이 있었다.

1967년에 하나님의 또 다른 역사에 응답한, 기름부음 받은 교사들이 유명해졌다. 그중에는 척 스미스, 케네스 코플랜드, 잭 헤이포드, 데렉 프린스 등이 있었다(데렉 프린스는 플로리다 주, 포트 로더데일에 본부를 둔 '교사들'에 속했다).

1980년대의 '제3의 물결' 중에 하나님께서 예언자들을 일으키셨다. 그때 존 윔버가 소개한 '캔자스시티 예언자들'로는 폴 케인, 마이크 비클, 밥 존스, 짐 골, 질 오스틴이 있다. 다른 예언자들로는 나의 친구이자 언약 형제인 루 엥글, 주 안의 자매 신디 제이콥스, 제인 해몬, 척 피어스 등이 같은 시기에 등장했다.

1994년의 토론토 부흥으로 사도직이 회복되었고, 많은 사도적 네트워크가 탄생했다. 그중에는 존과 캐럴 아노트 부부의 추수 동역자들, 릭 조이너의 모닝 스타, 빌 존슨의 글로벌 리거시, 하이디와 롤랜드 베이커 부부의 아이리스 미니스트리, 우리 교회의 하베스트 인터내셔널 미니스트리가 있다.

이제 2009년에는 회복된 다섯 가지 직분이 결집되고 있다. 그래서 그리스도의 제자인 성도들의 몸을 통해 그것이 나타나고 있다. 평범한 평신도들이 무장되어 표적과 기사로 행하고, 복음을 전하고, 가르치고, 교회를 개척하고, 예언하고, 말씀을 전하고 있다. 그것은 하나님의 백성을 완전히 탈바꿈시켜서 하나님의 일을 하고 하나님 나라를 세우게 하고 있다. 이와 같이, 각각의 부흥의 물결이 하나님의 목적을 이루고, 하나님의 영광으로 땅을 채우며 성령께서 모든 육체 위에 부어지는 데 중요한 의미를 가지고 있다.

영광의 충만

불행히도, 부흥의 물결마다 비판자들이 뒤따랐다. 슬프게도 이전 역사의 리더들이 다음 물결의 리더들을 가장 강력하게 비판했다. 그러나 영광에서 영광으로 이르려면, 가르침 받으려는 태도를 지키고, 겸손히 행하며, 하나님께서 새로운 부흥 속에 하고 계시는 일을 받아들이려는 자세를 가져야 한다. 하나님의 길은 우리 길과 다르다. 만일 우리가 다 알고, 이미 다 경험했다고 생각한다면, 하나님이 싫어하시는 종교적인 영으로 행하는 것이다.

나는 1980년대에 이 중요한 교훈을 배웠다. 나는 그 전의 지저스 피플 운동 중에 구원받고 성령 세례를 받았지만, 존 윔버와 함께 일어난 부흥에 참여하지 못했다. 애너하임 빈야드에 부흥이 일어났을 때, 내 마음속에 오만이 있었다. 그때 나는 패서디나에 있는 풀러 신학교 학생이었다. 그때 교수이던 피터 와그너는 존 윔버의 '표적과 기사와 교회 성장' 강의를 수강하라고 권했다. 그래서 나는 그 강의를 들었지만, 그 수업 시간에 표적과 기사가 일어나는 것을 보았을 때 '나는 이미 다 경험한 거야'라고 생각했다.

나는 어린 그리스도인일 때 워싱턴 D. C.에서 TAG라고 하는 그룹의 치유 사역을 감독한 적이 있었다. 그 사역에서 일어나는 치유를 5년간 보았기 때문에, 풀러에서 본 기적들은 내게 새로운 것이 아니었다. 그러나 그런 태도를 갖는 것은 위험하다. 우리는 부흥에 무디어질 수 있다. 부흥을 조금 맛본 사람은 부흥에 대해 모든 것을 안다고 생각할 수 있다. 그래서 하나님께서 하고 계신 중요한 역사를 못 볼 수 있다. '나는 이미 다 알아'의 태도는 해로울 수 있고, 하나님께서 우리에게 주고 싶어 하시는 온전함을 경험하지 못하도록 방해할 수 있다.

우리는 오만하거나 수동적이 되지 말아야 하고, 하나님 앞에서 겸손하고 통회하는 마음을 지켜야 한다. 만일 내가 빈야드에서 일어난 하나님의 부흥을 좀더 잘 받아들였더라면, 1980년대와 1990년대 초에 사역 및 개인적 삶의 어려움들을 그렇게 많이 겪지 않았을 것이라고 믿는다. 그러나 감사하게도 나는 그 실수에서 교훈을 배웠고, 그 다음에 토론토에 하나님께서 성령을 부으셨을 때, 그 영광의 물결에 뛰어들기를 주저하지 않았다. 하나님의 은혜로, 나는 그때 이후로 그 부흥의 강 속에 계속 머물고 있다.

이제 나는 새로운 부흥이 일어나는 것을 보면, 더 이상 '나는 이미 다 알아'라는 생각을 하지 않는다. 오히려 나는 더 많이 받으려는 자세를 갖는다. 나는 이렇게 생각한다. '또 다른 물결이 다가왔어. 나는 이 특별한 영광에 푹 빠질 거야. 이 물결을 타다가 다음 물결을 타고, 그 다음에는 또 그 다음 물결을 탈 거야.' 나는 예수님께서 다시 오시거나 예수님께서 나를 본향으로 데려가시는 그 날까지, 이 물결에서 다음 물결로, 계속 부흥의 영광의 강 속에 머물기로 결단하고 헌신했다.

역대하 16장 9절에서 말씀한다. "여호와의 눈은 온 땅을 두루 감찰하사 전심으로 자기에게 향하는 자들을 위하여 능력을 베푸시나니." 우리가 하나님께 대해 더욱 갈급해지고 성별될수록, 주님께서 우리 삶 속에 하나님의 영광을 드러내시고 우리 삶을 통해 영광이 흘러가게 하실 것이다. 하나님께서는 우리가 영광에서 영광으로 이르러, 하나님의 영광의 충만함을 받고 예수 그리스도의 형상으로 화하기를 원하신다.

당신은 남은 평생 동안 부흥의 그릇이 되지 않겠는가? 당신은 하나님의 영광의 전달자이다! 주님이 다시 오실 때까지 당신의 세대와 다음 세대에 부흥의 전달자가 되라. 아멘!

10장 하나님의 영광과 사도직

아더 월리스는 그의 저서 『능력의 날에』(In the Day of Thy Power)에서 우리에게 조언한다.

"생애 최대의 성공을 하고 싶다면, 하나님께서 당신의 시대에 하고 계신 일이 무엇인지 발견하고 하나님의 목적과 뜻을 이루는 데 뛰어 들라."[1]

우리가 우리의 삶과 하나님 나라를 위해 최선을 다하려면, 주님께서 우리 세대에 무엇을 하고 계신지 발견하고 그것을 성취하는 데 우리 삶을 바쳐야 한다.

성령께서 하려 하시는 일을 위해 우리는 어떻게 준비할 수 있는가? 그것을 할 수 있는 한 가지 방법은 그리스도의 몸에 사도직을 올바로 회복시키는 것이다.

본 장에서는 세상에 큰 사회적 변혁이 일어나려면 왜 그것이 일어나야 하는지 살펴보려고 한다.

먼저 우리의 집인 교회부터 질서를 회복하고 연합되어야 한다. 적절한 사도직 회복은 하나님께서 명하신 축복이 임하게 한다. 그것이 하나님의 집에서부터 시작되어 사회로 흘러나가야 한다.

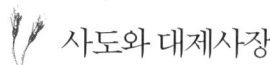 사도와 대제사장

오늘날 교회 내의 올바른 사도직 정립을 다루기 전에, 먼저 구약의 대제사장직과 신약의 사도직 간의 유사성을 이해해야 한다. 다윗은 구약시대에 대제사장 밑의 질서의 원리를 아름답게 묘사했다.

> 보라 형제가 연합하여 동거함이 어찌 그리 선하고 아름다운고 머리에 있는 보배로운 기름이 수염 곧 아론의 수염에 흘러서 그의 옷깃까지 내림 같고 헐몬의 이슬이 시온의 산들에 내림 같도다 거기서 여호와께서 복을 명령하셨나니 곧 영생이로다 시편 133:1-3

다윗은 하나님의 백성이 연합해 움직이고, 하나로서 기능할 때 하나님의 축복 아래 있다고 분명히 밝힌다. 그런데 우리는 다윗이 특별한 종류의 연합을 가리키고 있음을 이해해야 한다. 이 시편의 문맥 속에서 설명하겠다.

아론은 동생인 모세의 시대에 대제사장으로 섬겼다. 시편 133편에서, 기름이 아론 위에 임했다. 그는 대제사장직을 대표한다. 기름이 위에서부터 아래로 흘렀다. 즉 아론의 머리에서 수염까지, 그리고 옷깃까지 흘러내렸다. 다윗은 그것을 이슬이 헐몬 산에 내려 시온까지 흘러내리는 것에 비교했다. 다윗이 이 본문에서 헐몬 산을 언급하는 것은 우연이 아니다. 헐몬 산이 어디 있는가? 지리적으로,

이스라엘의 머리, 혹은 꼭대기에 있다. 헐몬 산은 이슬이 처음 내리는 곳이기도 하다. 그래서 물이 헐몬 산에서 흘러내려 시온 산으로, 그리고 이스라엘의 나머지 전역으로 흘러간다.

이 본문에서 다윗은 흘러내리는 흐름의 두 예를 통해 주님께서 우리에게 이해시키고자 하시는 정렬의 원리를 설명한다. 다윗이 이 시편에서 아론을 언급할 때, 대제사장 밑의 질서를 가리키고 있다. 기름은 하나님의 은총과 축복을 상징하는데, 그것이 대제사장으로부터 나머지 백성에게 흘러내렸다. 이 이미지를 통해 다윗은 우리에게 말하고 있다. 우리가 하나님께서 주신 질서 하에 들어갈 때, 하나님의 은총과 축복을 경험하기 시작할 것이다.

이것이 오늘날 교회 내의 제사장직 정립과 무슨 관계가 있는가? 구약의 대제사장은 신약 시대에 하나님의 집에서 사도가 하는 것과 같은 역할을 했다. 히브리서에서 그것을 설명하고 있다.

히브리서 기자가 말한다. "그러므로 함께 하늘의 부르심을 받은 거룩한 형제들아 우리가 믿는 도리의 사도이시며 대제사장이신 예수를 깊이 생각하라"(히 3:1). 두 가지 직분 모두가 예수님께 해당된다. 예수님은 궁극적 사도이시자 궁극적 대제사장이시다. 예수님께서는 사도로서 신약을 대표하시고, 대제사장으로서 구약을 대표하신다. 이 대칭성은 히브리서를 읽을 때 유용하고 중요하다. 왜냐하면 히브리서는 이제 우리가 그리스도 안에서 가진 더 나은 언약을 논하고 있기 때문이다. 구약의 대제사장 아래의 질서도 좋았지만,

이제 신약에서 예수님께서 더 나은 질서를 확립하셨다. 그 새 질서에는 사도, 선지자, 목사, 전도자, 교사의 5중 사역 직분이 포함된다.

신약에서 우리는 더 이상 대제사장의 리더십 아래 있지 않다. 그러나 이제 우리는 사도적 질서로 부름 받았다. 즉 우리는 사도, 선지자, 전도자, 목사, 교사의 리더십 하에 있어야 한다. 하나님께서 그들에게 은사를 주셔서 그들을 교회 위에 임명하셨다. 에베소서 4장 11절에 따르면, 하나님께서 우리에게 사도들과 선지자들을 주셔서 우리가 "그리스도의 장성한 분량이 충만한 데까지"(엡 4:11-13) 이르게 하셨다. 분명히 교회는 아직 장성한 분량이 충만한 데까지 이르지 못했다. 그리고 성경 어디에서도 사도들과 선지자들의 직분과 사역이 더 이상 존재하지 않거나, 기능이 멈추었다고 말씀하지 않는다. 오히려 그들은 교회의 기반으로 묘사된다. 바울은 에베소서 2장 20절에서 말한다. 교회는 "사도들과 선지자들의 터 위에 세우심을 입은 자라 그리스도 예수님께서 친히 모퉁잇돌이 되셨느니라."

다시 한 번, 여기서 순서가 중요하다. 첫째는 사도들이요 둘째는 선지자들이다. 또 다른 말씀은 고린도전서 12장 28절이다. "하나님이 교회 중에 몇을 세우셨으니 첫째는 사도요 둘째는 선지자요 셋째는 교사요 그 다음은 능력을 행하는 자요." 피터 와그너가 2008년에 그의 저서 『DOMINION(도미니언)』에서 이렇게 말했다. "여기서 순서를 말한 것은 무작위가 아니다. 물론 그것은 위계구조가 아니지만,

하나님의 질서인 것이 분명하다. 사도들이 첫 번째이고 선지자들이 두 번째이다. 다른 모든 은사들은 사도들과 선지자들과 올바른 관계를 가질 때에만 잠재력의 최대치까지 기능할 것이다."[2]

예수님께서 열두 사도를 선택하셨지만, 사도직이 그리스도의 원 제자들에 한정되지 않는다. 신약 전체에서 다른 사도들이 언급되기 때문이다. 안드로니고와 유니아(롬 16:7 참조), 실라와 디모데(살전 1:1, 6 참조), 야고보(갈 1:18-19 참조) 등이 그들이다. 그것은 교회가 성장함에 따라 사도직이 늘어났다는 것을 나타낸다.

'사도' 라는 단어는 신약에 76회 등장하는데, 그것은 다른 어떤 직분보다 많은 횟수이다. 우리는 그것이 놀라울 수 있다. 왜냐하면 오늘날 우리는 교회에서 목사의 리더십을 강조하는 경향이 있기 때문이다. 그러나 '목사'와 그 동의어 단어는 신약에서 67회 언급될 뿐이다. 신약성경이 초대교회의 다른 직분의 기능보다 사도의 활동, 계시, 가르침에 더 초점을 맞추는 것이 의미심장하다고 나는 믿는다.

사도적 정렬

헬라어 성경에서 '정렬'은 **카타르티스모스**(Katartismos)이다. 그 의미는 '올바로 맞추다, 또는 원래의 질서에 맞추다' 이다. 그것은 의사가 부러진 뼈를 다시 맞추는 것과 같다. 그 단어는 에베소서 4장 11-12

절에서 사도 바울이 5중 사역 직분을 열거할 때 나온다. "그가 어떤 사람은 사도로, 어떤 사람은 선지자로, 어떤 사람은 복음 전하는 자로, 어떤 사람은 목사와 교사로 삼으셨으니 이는 성도를 온전하게 하여〔**카타르티스모스**〕봉사의 일을 하게 하며 그리스도의 몸을 세우려 하심이라."

바울은 우리에게 다양한 사역 직분들이 적절히 함께 일하면, 교회를 정렬시키거나 올바른 질서 안에 세울 수 있다고 말하고 있다. 그렇게 해서 그리스도의 몸이 세워져 복음을 전파하고 하나님 나라를 확장시킬 수 있다.

구약에서, 예수님이 오시기 전에 하나님의 축복이 이스라엘 백성에게 흘러내린 것은 그들이 대제사장의 리더십 아래에 정렬되어 있을 때였다. 하나님께서 오늘날에 자녀들을 축복하실 때도 비슷하다. 그것은 우리가 하나님께서 택하신 사도들의 리더십 아래에서 올바로 자신을 정렬시킬 때이다.

성경 전체를 보면 우리가 올바른 관계 안에 정렬되어 있을 때에 축복이 임한다. 하나님께서 가족을 세우실 때 적절한 정렬 방법을 제정하셨다고 바울이 에베소서 6장 1-3절에서 말한다. "자녀들아 주 안에서 너희 부모에게 순종하라 이것이 옳으니라 네 아버지와 어머니를 공경하라 이것은 약속이 있는 첫 계명이니 이로써 네가 잘되고 땅에서 장수하리라." 우리가 가족에 대해 올바로 정렬되어 있을 때, 하나님께서 우리에게 축복을 내리셔서, 우리가 잘되고 장수하게 된다고 바울이 분명히 밝힌다.

교회 안에서 사도를 중심으로 올바로 정렬되는 것도 그렇다. 그것이 이뤄지면, 하나님께서 축복이 흘러가도록 명하신다. 『충성됨의 초자연적 방법』(The Supernatural Ways of Royalty)에서 크리스 밸러턴이 말한다. 그는 캘리포니아 주, 레딩에 있는 베델 교회의 수석 부목사이다. 그는 그 교회의 담임 목사인 빌 존슨에 대한 언약적 헌신을 숨김없이 말한다.

주님께서는 크리스가 올바로 정렬된 언약 안에 있는 것을 자주 강조하면서도 주 안의 '아버지'에게 아직 헌신하지 않았다는 것을 그에게 보여 주셨다. 크리스의 내면에서 그 깨달음이 점점 확고해져서, 어느 날 그는 빌에게 말했다. "저는 남은 평생을 당신을 섬기며 보내기로 언약합니다."[3]

크리스는 그 결단이 자신에게 강력한 영향을 미쳤다고 말한다. "그 말이 내 삶을 변화시켰다. 그때 이후로 나는 하나님 안에서 완전히 새로운 수준에 이르게 되었다. 나의 사역 규모가 두 배로 커졌고, 나의 재정이 두 배 이상으로 늘어났다."[4]

베델 교회의 리더십과 회중이 사도직을 중심으로 올바로 정렬되었기 때문에 하나님께서 교인들, 교회, 레딩 도시, 심지어 인근 도시들에까지 축복과 은총을 부으셨다. 그 교회 안에 나타난 하나님의 임재를 만나려고 사람들이 전 세계로부터 찾아 온다. 뿐만 아니라, 그 도시도 발전했다.

빌 존슨은 2008년 9월에 미국에 시작된 경제침체의 영향이 있었지만 레딩은 캘리포니아의 다른 도시들에 비해 그 영향을 덜 받았고 내게 말했다. 베델에 말씀을 전하러 갈 때마다 내가 보기에, 도시가 성장하고 발전하는 것 같았다. 나는 레딩이 앞으로 가장 변화된 도시 중의 하나가 될 것이라고 믿는다.

하나님의 백성이 올바로 정렬되면 하나님의 축복이 어떻게 부어지는지 크리스의 예를 통해 볼 수 있다. 언약 관계 안에서 이렇게 정렬되는 것은 권위의 인물에게 생각 없이 순종하는 것이 아니다. 그것은 하나님께서 우리 위에 두셨다고 깨달은 권위의 리더십을 존중하려는 자세이다. 크리스가 빌 존슨에게 했듯이, 모든 사람이 평생의 언약을 맺도록 부름받는 것은 분명히 아니다.

중요한 것은 성령의 인도 하에서 정렬되어야 한다는 원리이다. 그것은 우리의 리더십에게 협력하는 파트너십 속으로 자원해 들어가는 것이다. 왜냐하면 공동의 부름과 서로에 대한 영적 상호관계 안에 하나님의 목적이 있다는 것을 깨닫기 때문이다. 우리의 공동 사역을 강화시키려면 서로를 방어해 주기를 선택해야 한다. 물론 때로 서로에게 도전을 줄 때도 있지만, 우리는 결코 서로를 비방하거나 악하게 말하지 말아야 한다. 우리 각자의 행동과 개인적 결정에 대한 책임을 늘 지면서도, 서로를 세워 주며, 나 혼자만의 길을 찾지 않는 데 헌신되어야 한다.

사도적 권위가 올바로 세워지는 축복은 개인 신자들만이 아니라 사역에도 적용된다. 그 일례로, 몇 년 전에 우리 교회는 목회자 부부인 존과 미셸 박을 파송해 우리의 사도적 권위 하에서 캘리포니아 주, 다이아몬드 바에 교회를 개척하게 했다. 존과 미셸은 우리의 리더십에 기꺼이 맞추었고, 하나님께서 그들의 신생 사역을 풍성히 축복하셨다.

그 축복의 한 예가 있었다. 존과 미셸의 사역 크기에 딱 맞고, 이미 목회를 위한 시설이 구비된 건물을 하나님께서 그들에게 준비해 주셨다. 이전 세입자는 최첨단 시설을 갖춘 교회였는데, 급성장해서 그곳을 떠나야 했다.

그 교회의 임대 기간이 끝나면서 이사를 갔기 때문에 존과 미셸의 교회는 새 건물로 순조로이 이사했다. 마치 그것은 건축업자가 가구를 갖춰 놓은 모델 하우스에 입주하는 것 같았다! 나는 그 축복과 은총이 임한 이유 중의 하나가 그들의 사역과 교회가 사도직의 질서 하에 있었던 것이라고 믿는다.

정렬되면 연합이 촉진되고 하나님의 영광이 임한다

사도직의 권위 하에 올바로 정렬되면 교회가 연합되어 움직이고, 하나님께서 영광을 임하게 하셔서 축복하신다. 다음 본문을 깊이 묵상하라.

> 나팔 부는 자와 노래하는 자들이 일제히 소리를 내어 여호와를 찬송하며 감사하는데 나팔 불고 제금 치고 모든 악기를 울리며 소리를 높여 여호와를 찬송하여 이르되 선하시도다 그의 자비하심이 영원히 있도다 하매 그 때에 여호와의 전에 구름이 가득한지라 제사장들이 그 구름으로 말미암아 능히 서서 섬기지 못하였으니 이는 여호와의 영광이 하나님의 전에 가득함이었더라
> 역대하 5:13-14

얼마나 놀라운 장면인가! 성전을 봉헌할 때, 모두가 정렬되어 있었고 질서 안에 있었다. 나팔 부는 자들과 노래하는 자들은 그저 같은 곡조로 연주하고 노래한 것이 아니었다. 그들이 너무 연합되어 있어서 마치 한 목소리, 한 마음인 것처럼 연주하고 노래했다. 그들은 완전히 연합되어 주님을 찬양했다.

그러자 여호와께서 영광의 구름으로 성전을 채우셨다. 그것이 너무나 강해서 제사장들이 직무를 수행할 수 없을 정도였다. 그들이 연합하자 하나님께서 영광스러운 나타난 임재로 그들의 연합을 영예롭게 하셨다.

이것은 구약에만 국한된 사건이 아니다. 신약에서는 정렬과 연합이 이뤄지자 오순절에 하나님의 영광이 임한 예를 볼 수 있다. 즉 사도행전 2장에서 주님께서 제자들에게 성령을 부으신 것을 볼 수 있다. 그러나 중요한 것이 있다. 그 전날에 무슨 일이 일어났는지 주목해야 한다.

예수님께서 부활하신 후 많은 사람들에게 나타나셨다. 고린도전

서 15장 6절에서, 사도 바울은 예수님께서 한 번은 500명의 형제에게 나타나셨다고 말한다. 그 사건과 장소에 대한 다른 설명이 없지만, 바울이 '형제'라고 언급한 것을 봐서, 그들이 그리스도의 제자들이었다고 추정할 수 있다. 사도행전 1장에서, 예수님께서 제자들에게 나타나셔서 명령하셨다. "예루살렘을 떠나지 말고 내게서 들은 바 아버지께서 약속하신 것을 기다리라"(행 1:4).

제자들은 순종했고, 여자들, 예수님의 어머니 마리아, 가족, 기타 등등 총 120여 명이 모였다. 그 120명은 예수님께서 전에 500명에게 나타셨을 때 있었던 사람들일 가능성이 크다. 그것은 500명 중에서 오직 120명만이 예수님의 명령을 지켰다는 것이다. 그들은 모여서 기도하고 기다리는 값을 치르기로 결정한 사람들이었다. 사도들이 그 그룹을 다락방에서 이끌며 예수님의 말씀의 성취를 기다렸다.

> 제자들이 감람원이라 하는 산으로부터 예루살렘에 돌아오니 이 산은 예루살렘에서 가까워 안식일에 가기 알맞은 길이라 들어가 그들이 유하는 다락방으로 올라가니 베드로, 요한, 야고보, 안드레와 빌립, 도마와 바돌로매, 마태와 및 알패오의 아들 야고보, 셀롯인 시몬, 야고보의 아들 유다가 다 거기 있어 여자들과 예수의 어머니 마리아와 예수의 아우들과 더불어 마음을 같이하여 오로지 기도에 힘쓰더라 사도행전 1:12-14

성경은 그 제자들이 항상 기도하며 연합되어 있었다고 밝힌다.

나는 누가가 120명과 함께 각 사도의 이름을 구체적으로 말한 것이 우연이 아니라고 생각한다. 그러한 사도적 정렬과 연합이 이뤄지자 성령을 통한 영광이 나타났다고 나는 믿는다.

> 오순절 날이 이미 이르매 그들이 다같이 한 곳에 모였더니 홀연히 하늘로부터 급하고 강한 바람 같은 소리가 있어 그들이 앉은 온 집에 가득하며 마치 불의 혀처럼 갈라지는 것들이 그들에게 보여 각 사람 위에 하나씩 임하여 있더니 그들이 다 성령의 충만함을 받고 성령이 말하게 하심을 따라 다른 언어들로 말하기를 시작하니라   사도행전 2:1-4

오순절에 제자들이 한 마음으로 한 곳에 연합되어 있는 자리에 성령께서 임하셨다. 그들은 사도행전 1장에서 예수님의 명령을 지켜 매일 연합해 기도했다. 하나님께서 그들이 아들께 순종하고, 성령에 갈급하고, 서로 연합된 것을 보셨다. 그러자 하나님의 영광이 그들 위에 임해, 그들 모두를 성령으로 충만히 채우시는 축복을 주셨다. 이 경우에, 사도적 정렬과 연합은 은총과 축복만이 아니라, 괄목할 만한 나타난 임재로 하나님의 영광을 나타냈다.

연합이 하나님의 영광을 임하게 하지만, 우리를 연합**시키는** 데 하나님의 영광이 필요하기도 하다. 예수님께서 아버지께 기도하셨다. "내게 주신 영광을 내가 그들에게 주었사오니 이는 우리가 하나가 된 것같이 그들도 하나가 되게 하려 함이니이다 곧 내가 그들 안에 있고 아버지께서 내 안에 계시어 그들로 온전함을 이루어 하나가 되게 하려 함은 아버지께서 나를 보내신 것과 또 나를 사랑하심같이 그들도 사랑하신 것을 세상으로 알게 하려 함이로소이다"(요 17:22-23). 여기서 예수님께서 먼저 예수님 자신과 아버지의 정렬, 그 다음 두 번째로는 예수님과 우리의 정렬에 대해 말씀하신다. 연합은 하나님께 중요하다. 우리가 올바른 정렬을 추구할 때, 하나님께서 영광을 내보내셔서 우리가 서로 하나 되게 하신다. 그것은 마치 예수님께서 아버지와 하나이신 것과 같다.

우리가 연합과 정렬 안에 행할 때, 하나님께서 더 많은 영광을 우리 위에 부으신다. 우리가 정렬되어 연합해 행할 때 우리의 능력이 크게 증가한다는 것을 결코 잊지 말아야 한다. 성경은 우리에게 말씀한다.

"또 너희 다섯이 백을 쫓고 너희 백이 만을 쫓으리니 너희 대적들이 너희 앞에서 칼에 엎드러질 것이며"(레 26:8). 우리가 올바로 정렬될 때, 우리는 연합되고 더 강력해지며, 하나님 나라의 목적을 위해 승리하고 성취하게 된다.

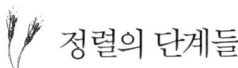 정렬의 단계들

하나님의 백성이 사도직에 대해 정렬되는 3단계가 있다.

1. 구원을 받으라

사도직에 대해 올바로 정렬되려면, 먼저 우리가 예수 그리스도와 정렬되어야 한다. 그 의미는 우리가 사랑의 주님 밑에 있어야 한다는 것이다. 우리가 구원받을 때, 예수님을 우리의 구주로 영접한다. 예수님이 우리 주님이시기 때문에, 우리는 삶의 모든 것을 예수님의 권위에 순복시켜야 한다.

우리 개인의 몸, 혼, 영에 대한 지배권을 그리스도께 양도하는 것은 우리 삶을 사랑의 주님의 손 안에 맡기는 것이 된다. 그분은 자녀들을 위해 오직 좋은 것만 바라신다. 시편 34편 8절에서 "너희는 여호와의 선하심을 맛보아 알지어다"라고 말씀한다.

2. 지역 교회에 헌신하라

올바로 정렬되려면, 우리가 지역 교회에 헌신하는 것도 중요하다. 우리가 예수님의 몸에 헌신하기를 거절하면서 예수님께 헌신되었다고 말할 수 없다. 성경에 '서로'라는 단어가 50번이 넘게 나오는데, 그것은 우리가 공동체의 일원이 되지 않으면 성취할 수 없는 것이다. 서로 사랑하라(요 13:34-35 참조), 서로 헌신하라(롬 12:10), 함께 즐거워하라(롬 12:15), 서로 기도하라(약 5:16), 서로 짐을 지라(갈 5:13 참조), 서로 순복하라(엡 5:21), 서로 교제하라(요일 1:7 참조).

때로는 교회에 헌신하지 않는 것이 더 쉬워 보일 수 있지만, 하나님께서는 순종하는 자들을 축복하신다. 주님은 언약하는 분이시며,

우리에게 언약 관계의 사람이 되라고 명령하신다. 우리가 신자들의 공동체에 정렬될 때, 하나님께서 그것을 존귀하게 보신다. 그것은 우리가 서로 순복하고, 함께 예배드리는 것에 헌신하고, 서로를 살펴주고 점검하는 것에 마음을 엶으로써 이뤄진다. 우리가 그런 식으로 하나님의 말씀에 순종하며 서로를 격려하고 견딜 때, 우리는 연합 속에서 성장하고, 하나님께서 우리 위에 영광을 부으셔서 우리를 축복하신다.

완전한 교회란 없다. 왜냐하면 모든 교회가 인간으로 이뤄져 있고, 모든 인간은 "하나님의 영광에 이르지 못하기"(롬 3:23) 때문이다. 더구나 모든 교회가 동일한 기름부음을 갖거나, 같은 유형의 사역에 부름받지 않는다. 그것은 이스라엘의 지파들이 각기 다른 장점과 기능을 가졌던 것과 같다(레위 지파는 제사장 지파였고, 유다 지파는 메시야의 지파였다). 그와 같이 교회도 그리스도의 몸 안에서 각기 다른 목적을 추구하도록 부름받았다.

우리는 우리의 영적 DNA와 일치하는 가치, 사명, 목적을 가진 교회를 알고 거기에 자신을 정렬시켜야 한다. 그런 일치가 없다면, 우리가 정렬되어 헌신하기가 어려울 것이다. 그것은 억지로 맞추는 것이 될 것이며, 우리는 올바른 자리에 있다고 느끼지 않을 것이다.

우리는 우리와 잘 어울리는 부족, 공동체를 찾아야 한다. 그러나 맞는 교회를 찾아 끝없이 돌아다니는 함정에 빠지지 말아야 한다. 오늘날 너무나 많은 그리스도인들이 한 곳에 일시적으로 거하다 다른 곳으로 방랑하기를 계속한다. 그들은 '순회 은사주의자'가 되어 항상 다음 컨퍼런스를 찾아다니며, 다음 '영적 공급의 향연'을 찾아다니고, 영적 경험에 빠져서 장기적인 헌신을 거부한다.

그러나 하나님께서는 한 공동체 안에 심어져 기쁨, 좌절, 훈련을 경험하라고 우리를 부르신다. 서로 언약을 맺고, 정렬될 줄 알고, 다른 신자들과 지속적인 공동체 안에 살며 연합해 거할 줄 알라고 하나님께서 우리를 부르신다. 하나님께서는 영원한 삼위일체로서 완전한 정렬과 연합 안에서 공동체로 거하심으로써 우리의 완벽한 모델이 되신다.

3. 리더의 마음을 이해하라

마지막으로, 사도직 하에서 정렬되려면, 우리의 목사, 혹은 사도의 마음을 이해해야 한다. 앞서 말한 것처럼, 이것은 고압적인 권위에 복종하라는 것이 아니다. 우리가 항상 리더십과 획일적으로 똑같이 행동해야 한다거나, 항상 완전히 동의해야 한다는 의미는 아니다. 똑같이 행동하고, 생각하고, 말하고, 옷을 입는 '판박이 그리스도인'이 되라는 의미도 아니다.

우리의 정렬과 연합 안에 다양성의 여지가 **있어야 한다**. 의견 불일치가 일어날 때, 우리가 정렬되어 있는지 가장 깊은 테스트를 받게 된다. 우리는 맹목적 순종에 빠지려는 것이 아니라, 공통의 가치와 사명을 우리의 일시적 갈등보다 존중하려는 것이다.

리더들의 마음을 이해한다는 의미는 그들을 믿음의 부모로 존경하는 태도를 갖는다는 것이다. 히브리서 기자가 말했다. "너희를 인도하는 자들에게 순종하고 복종하라 그들은 너희 영혼을 위하여 경성하기를 자신들이 청산할 자인 것같이 하느니라 그들로 하여금 즐거움으로 이것을 하게 하고 근심으로 하게 하지 말라 그렇지 않으면 너희에게 유익이 없느니라"(히 13:17). 우리가 그렇게 하면, 하나님께서 영광을 교회 위에 측량할 수 없을 정도로 부어 주실 것이다.

그리스도의 몸이 사도직에 대해 정렬되고 연합되면, 하나님의 축복과 은총이 나타나 우리 삶에 강력하게 흘러들어 온다. 나는 이스라엘이 대제사장 아론 밑에 정렬되어 하나님의 영광을 보았듯이, 오늘날 하나님의 백성이 현재의 사도들 밑에 정렬되고 연합되면 하나님의 영광이 더 크게 임하는 것을 볼 것이라고 믿는다.

11장 하나님의 영광과 변화

When Heaven Comes Down

하나님의 영광이 사람들의 영혼을 침노할 때, 그것은 개인과 사회의 변화로 이어진다. 지난 수백 년을 돌아보면, 극적인 사회 변화가 일어난 많은 시기에 앞서, 먼저 부흥이 일어나 하나님의 영광이 부어졌다.

 부흥과 개혁

대각성

대각성 운동은 1730년대에 영국에 강력한 부흥이 일어난 것이었다. 그 하나님의 역사는 많은 부흥의 사역들을 점화시켰다. 가장 유명한 것은 존 웨슬리와 찰스 웨슬리, 조지 휫필드였다. 휫필드를 통해 그 역사는 미국까지 확산되었고, 그에 앞서 조나단 에드워즈[1]가 이미 매사추세츠 주, 노샘프턴에서 불 같은 설교를 하고 있었다. 영국에서는 수천 명의 사람들이 웨슬리 형제의 순회 사역을 통해 구원되었다. 그 회심자들 중에 젊은 윌리엄 윌버포스가 있었다. 그는 후에 국회의원이 되었다.

회심 후에 윌버포스는 존 뉴턴을 만났다. 뉴턴은 전에 노예선 선장이었다가 그리스도께로 회심했다(그의 깊은 회개가 유명한 찬송가 '나 같은 죄인 살리신'에 잘 나타난다). 윌버포스는 뉴턴의 이야기에 깊은 인상을 받았다. 노예무역 중에 일어나는 가공할 학대를 뉴턴이 솔직히 털어놓았기 때문이었다.[2] 이 젊은 정치가는 이어서 26년의 생애를 국회에 헌신하며, 영국이 노예무역을 중지하도록 로비를 펼쳤다. 그의 노력은 마침내 비폭력적이고 파격적인 변화를 영국 사회에 일으켜, 노예제도가 전면적으로 폐지되었다.[3]

최근의 뛰어난 영화, 『어메이징 그레이스』는 입법 활동을 통해 영국의 마음을 변화시키려 한 윌버포스의 불굴의 노력을 묘사한다. 나는 이 영화를 강력히 추천한다. 그 이야기는 어떻게 개인적 부흥이 사회 변혁으로 이어지는지 보여 주는 좋은 예이다.

제2차 대각성 운동

미국에서 일어난 제2차 대각성 운동은 1800년대에 동부 연안 지역과 서부의 켄터키 지역에서 일어났다. 이 하나님의 역사도 몇 가지 강력한 사회적 변혁에 불을 붙였다. 티모시 드와이트는 예일 대학교 총장이자, 부흥가 조나단 에드워즈의 손자로서, 모든 그리스도인에게 전심으로 하나님을 추구할 것을 강력하게 촉구했다. 그의 연설은 그의 유명한 할아버지를 연상시키는 것이었다. 많은 예일 대학생들이 감동을 받았고, 그중에 새뮤얼 밀스가 있었다.[4]

밀스는 나중에 매사추세츠 주에 있는 윌리엄스 칼리지로 옮기면서, 주님에 대한 신선한 열정도 함께 가져갔다. 거기서 밀스는 다른 네 명의 학생과 함께 매일 동료 학생들을 위해 기도하기로 언약을 맺었다. 그 젊은이들은 보통 야외에서 모였지만, 1801년의 어느 날 심한 폭풍우가 닥쳐서 그 그룹은 건초더미 속으로 대피했다. 거기서 기도하는 동안, 하나님께서 그들의 영 속에 세계 선교를 위한 학생 선교 운동을 시작하려는 열정을 주셨다. 역사는 그 사건을 '건초더미 부흥'이라고 명명한다. 그 비전으로부터 1810년에 첫 해외선교회가 설립되었다. 그리고 몇 명의 사역자가 아시아로 파송됨으로써, 미국의 선교 운동이 공식적으로 시작되었다.[5]

드와이트가 동부 해안 지역에 메시지를 전하고 있는 동안, 하나님의 영광의 강력한 기름부음이 켄터키 주, 케인 리지에도 일어났다. 처음에는 교회들에서 집회가 열렸다. 그러나 부흥의 불길이 급속히 확산되자 곧 야외에서 집회들이 열리게 되었고, 집회들은 한번 열리면 며칠간 계속되었다. 최고조에 달했을 때는 케인 리지 부흥 중의 한 번의 집회에 2만 명이 참석하기까지 했다. 집회들은 초교파적이었고, 들판에 강단을 일곱 개 이상 놓았다. 왜냐하면 확성기가 없었던 시대였으므로 사람들이 가장 가까운 강단의 메시지를 들어야 했기 때문이었다.

그 부흥의 공통 요소는 성령의 부어짐이었다. 그때 종종 극적인 현상이 나타났다. 사람들이 쓰러져 의식이 없어 보이거나, 움직일 수 없거나, 몸을 격하게 떨었다. 어떤 사람들은 웃음이 터지거나 술 취한 것처럼 행동하거나, 엉엉 울었다. 부흥이 일어나자 많은 사람들이 방문했으며, 언론에 비중 있게 보도됨으로써 그 사실이 더욱 알려졌다. 그 부흥 덕분에 신생 국가 미국의 수많은 무리가 자신의 삶 속의 하나님의 위치를 다시 생각해 보게 되었다.[6]

찰스 피니

그런 영향을 받은 사람 중의 하나가 찰스 피니였다. 그는 거의 신앙이 없는 환경에서 자란 젊은이였다. 그는 자신의 영혼을 어떻게 하나님과 올바른 관계에 둘지에 대해 진리를 알아야겠다고 확신하게 되었다. 그러나 피니는 전통적 종교를 신뢰할 수 있을지 확신할 수 없었다. 그는 그것에 오도되고 싶지 않았다. 그래서 어느 날 그는 성경을 가지고 숲속에 들어가서 자신의 마음이 하나님과 올바르게 되기 전에는 결코 돌아오지 않겠다고 맹세했다. 그는 그 날 강력한 회심을 경험했고, 성령세례까지 받았다. 그것은 그가 전에 들어보지도 못한 것이었다!

    피니는 그 시대의 가장 영향력 있는 부흥가의 한 사람이 되었고, 미국 동북부 지역의 수천 명의 사람들에게 말씀을 전했다. 그는 구원에 있어서 개인의 적극적 선택을 강조하는 강력한 복음을 전했다.

그는 각자가 그리스도를 영접하거나 거절한 것에 대한 책임이 있다고 보았다. 그가 전한 메시지는 구원 이상을 다루었다. 그는 다른 사람들의 삶의 질을 개선시키는 데 그리스도인으로서 가치를 두고 초점을 맞추어 사회에 기여하라고 사람들을 격려했다.[7]

노예폐지 운동

더욱 더 많은 사람들이 회심함에 따라, 나라의 가치관과 도덕을 결정짓는 데 더 적극적으로 참여하라는 촉구가 일어났다. 그래서 곧 점점 더 많은 시민들이 노예제도에 대해 우려를 표명하게 되었다. 많은 사람들은 노예제도가 인간 존엄성을 훼손시키고 착취할 뿐 아니라, 하나님께서 보시기에 도덕적인 잘못이라고 확신하게 되었다. 그래서 노예폐지 운동이 형성되기 시작했다.

1850년대 후반에 이르러, 노예폐지 운동은 참여인원이 늘어나고 목소리도 커져서 결정적 순간에 한층 가까워졌다. 그러나 그 결정적 순간의 핵심 요소가 겸손한 기도회가 될 줄은 아무도 예견하지 못했다. 1858년에 비교적 알려지지 않은 사업가, 제러마이야 램피어는 뉴욕 시티의 사업가들을 위해 기도회를 시작하라는 주님의 인도를 느꼈다. 램피어는 한 건물을 빌려서 전단지를 나눠 주고 뉴욕의 상업 지구에서 정오 기도회를 열기 시작했다.

첫 날에는 여섯 명이 참석했다. 첫 주의 마지막 날에 그 수는 20명으로 늘었고, 첫 달의 마지막 날에는 40명으로 늘었다. 그 그룹은 다른 정해진 일정 없이 성령께서 인도하시는 대로 기도했다. 1개월이 지난 후 그룹의 크기가 폭발적으로 커졌다.

6개월 내에 그 운동이 급속히 성장해서 1만 명의 사업가들이 뉴욕 시티와 주변 지역에서 소그룹으로 모여 기도했다. 2년 후에는 100만 명이 넘는 사람들이 회심해서 뉴잉글랜드 전역의 교회들에 들어갔다. 그 늘어나는 교인들이 노예제도의 종식을 요구하자, 노예폐지 운동의 결정적 순간이 이르렀다. 그 영향력은 결국 남북전쟁과 노예제도 폐지로 이어졌다.[8]

내가 이 이야기를 나눈 것은 하나님의 영광이 어떻게 세상을 변화시키는지 보여 주고 있기 때문이다. 하나님께서 개인들의 삶을 변화시키시면, 다시 그 개인들이 사회를 변화시킨다. 하나님의 영광의 목적은 우리를 고립주의자로 만드시는 것이 아니다. 우리의 교회 공동체가 '기독교 게토'인 양 거기 숨어 있으라는 것이 아니다.

하나님께서는 하나님의 영광이 우리에게 흘러오고, 우리 안에 흘러와서, 이제는 우리를 통해 세상으로 흘러가기를 원하신다. 하나님께서는 세상을 사랑하시고, 여기에 하나님 나라를 이루기 원하신다. 하나님께서는 하나님의 선하심을 부어 주시고 모든 인류를 축복하고 싶어 하신다. 그리고 사회를 변화시킬 화해의 사역을 우리에게 맡기신다(고후 5:18-20 참조).

개인의 변화

부흥으로 사회가 변화되기 전에, 먼저 하나님의 백성이 변화되어야 한다. 사도 바울이 우리에게 말한다. "그중에 이 세상의 신이 믿지 아니하는 자들의 마음을 혼미하게 하여 그리스도의 영광의 복음의 광채가 비치지 못하게 함이니 그리스도는 하나님의 형상이니라"(고후 4:4). 사탄이 불신자들의 눈을 가려 그리스도의 진리를 보지 못하게 한다. 그래서 바울이 "수건이 그 마음을 덮었도다"(고후 3:15)라고 설명했다.

그러나 하나님의 영광이 하나님의 나타난 임재를 드러낼 때, 불신자가 하나님과 조우하고, 복음의 진리가 그들에게 계시된다. 그리스도 예수를 구주로 영접하는 모든 사람들에게 하나님께서 예언적 약속을 주셨다. "또 새 영을 너희 속에 두고 새 마음을 너희에게 주되 너희 육신에서 굳은 마음을 제거하고 부드러운 마음을 줄 것이며"(겔 36:26).

불신자가 그리스도를 통해 구원의 선물을 받을 때, 하나님께서 성령과 새 마음을 주신다. 그들의 눈에서 비늘이 떨어지면, 그들은 전에 이해하지 못했던 영적 실체를 보고 이해할 수 있게 된다.

그리스도를 영접하는 많은 사람들은 어둠에서 빛으로 극적인 변화를 경험한다. 그런 일이 사도 바울에게 일어났다고 사도행전 9장에 기록된다. 바울은 그때까지 사울이라는 이름이었고, 그리스도인들을 가혹하게 핍박하고 있었지만, 다메섹으로 가는 도상에서 하늘로부터 임하는 빛을 보았고 예수님의 음성을 들었다. 그 경험 후, 사울은 눈이 멀어 아나니아의 기도를 받아야 했다.

사도행전 9장 18절에 따르면, 아나니아가 사울에게 안수하며 성령 충만을 위해 기도했다. 그때 "즉시 사울의 눈에서 비늘 같은 것이 벗어져 다시 보게 된지라"고 기록된다. 그 순간에 사울은 능력으로 변화되었다. 그는 전에 의미 없어 보였던 것을 이해하게 되었다. 그것은 예수 그리스도의 실체, 그분의 희생의 죽음, 승리의 부활이었다. 그 즉시 바울은 복음을 전파하기 시작했다.

그런 파격적인 변화가 오늘날에도 여전히 일어난다. 최근에 한 친구가 부흥회 참석 후 내게 이런 얘기를 해주었다. 한 젊은 동성애자 남자가 집회에 왔다. 그는 집회가 사기이며, 사람들이 돈을 받고서 치료되었다고 거짓말한다고 생각했다. 그 젊은이는 집회 내내 앉아 있었지만, 가르침과 거기서 일어나는 치료에 전혀 감동을 받지 않았다.

예배의 마지막에 리더는 하나님의 영광을 전달받고 싶은 사람에게 안수하겠다고 했다. 자기가 본 것이 사실이 아니라고 여전히 확신하고 있던 그 젊은이는 줄을 서기로 결정했다. 모든 것이 사기라는 것을 스스로 확증하기 위해서였다.

리더가 와서 그 젊은이가 쓴 야구모자의 가장자리를 가볍게 만졌다. 그러자 즉시 하나님의 영광이 그 젊은이에게 임해, 그는 바닥에 쓰러졌다. 그는 주체할 수 없이 흐느껴 울며, 회개하고, 주님께 구원해 달라고 부르짖었다. 그는 다음날 저녁에 와서 자신의 파격적인 회심과 변화를 간증했다. 그는 이제 신자가 되었을 뿐 아니라, 더 이상 동성애자가 아니었다. 그의 모든 동성애 욕구가 사라졌다!

우리는 오늘날 그런 파격적 변화가 필요하다. 우리도 하나님의 영광의 방문을 받아야 한다. 1960년대의 지저스 피플 운동 중에 200만 명의 10대들이 구원받았다. 그들은 히피였다가 하나님의 임재, 능력, 선하심을 통해 하나님의 영광과 조우하고 즉시 변화되었다. 나는 그런 엄청난 변화가 일어나 수천, 수백만 명이 그리스도께 나아오며, 그리스도를 따르기 원해서 모든 것을 바치게 되는 것을 보기를 갈망한다.

그리스도의 형상

하나님의 뜻은 하나님의 백성을 그리스도의 형상으로 변화시키시는 것이며, 하나님의 영광이 우리 안에서 그것을 이루신다. 우리가 더 예수님을 닮는 유일한 방법은 성령으로 사는 것이다. "너희는 성령을 따라 행하라 그리하면 육체의 욕심을 이루지 아니하리라"(갈 5:16). 성령께서 우리를 변화시키시고, 우리를 하나님의 영광으로 만지시고, 성별되고 거룩한 삶을 살 은혜를 우리에게 주신다.

하나님의 영광이 성령의 형태로 임하시면, 우리 죄를 깨우쳐 주신다(부흥회에 참석한 동성애자 젊은이에게 그런 일이 일어났었다). 예수님께서 제자들에게 그것을 이렇게 말씀하셨다. "내가 너희에게 실상을 말하노니 내가 떠나가는 것이 너희에게 유익이라 내가 떠나가지 아니하면 보혜사가 너희에게로 오시지 아니할 것이요 가면 내가 그를 너희에게로 보내리니 그가 와서 죄에 대하여, 의에 대하여, 심판에 대하여 세상을 책망하시리라"(요 16:7-8).

우리를 위로하러 오신 성령께서 우리의 죄를 깨닫게 하신다는 것이 이상해 보일지 모른다. 그것은 수치심과 정죄감을 주시겠다는 것처럼 들릴 수 있다. 그러나 하나님의 목적은 죄를 깨우쳐 주시는 데서 끝나지 않는다. 우리가 한 것을 깨닫고 치유되고 해방되기를 바라시지, 부끄럽기를 바라지 않으신다. 우리의 영적 상태에 대한 진리를 부드럽게 우리에게 계시하실 때, 우리는 필요한 치료를 이뤄 주실 하나님을 의지할 수 있다. 이것은 저절로 되는 과정이 아니다.

하나님께서 임재하시고 우리를 치료하기 원하시지만, 우리가 하나님을 찾고 하나님의 치료를 받아들여야 한다. 우리가 적극적으로 해야 할 역할이 있다. 그런데 슬프게도, 많은 그리스도인들이 고통스러워서 하나님의 계시를 피하며 평생을 살아간다. 그래서 성별과 하나님과의 친밀함에 필수적인 깊은 내적 치유를 받지 않는다. 그들은 거리를 두고 하나님을 알며 평생 영적 장애를 가지고 살아간다.

우리는 종종 깨닫지 못하지만, 우리의 죄가 우리를 억누르며, 우리에게서 생명을 빼앗아가고 있다. 그러나 우리가 하나님께로 돌아갈 때, 하나님께서 우리의 죄를 제거하심으로써 우리를 위로하시고 우리를 자유케 하신다. 그것은 시간이 걸리는 과정이다. 하나님께서는 언제 얼마만큼 우리에게 계시하셔야 할지 아신다.

내가 1994년에 토론토에 갔을 때 그 과정이 내 안에서 이루어졌다. 첫날 저녁에 사역 리더들의 기도를 받을 때, 내가 기대한 것처럼 몸을 떨거나 하지 않았다. 내가 바닥에 조용히 누워 있을 때, 하나님의 영광이 다른 식으로 내게 임했다. 앞서 언급했듯이, 나의 결혼과 가정에 손상을 주는 근본 문제를 성령께서 그날 내게 지적하셨다.

나는 목사가 된 지 20년째였고, 내 마음 깊은 곳에 묻혀 있는 거절과 원망의 뿌리가 있는지 보여 달라고 하나님께 간구하고 있었다. 사실 나는 그런 것이 있는지조차 몰랐다. 그러나 주님께서 나를 깨우치셨기 때문에 그것들을 볼 수 있었고, 회개하고 용서할 수 있었다.

내가 그렇게 하고 나자 부모님, 아내, 자녀와의 관계가 치료되었다. 하나님의 영광이 나를 자유케 하셨고 나를 더 깊은 수준으로 변화시키셨다. 우리가 하나님의 계시에 순복할 때, 우리는 더 깊은 수준의 변화를 경험한다. 그것은 우리의 삶에서, 그리고 이후로 영원히 이어질 과정이라고 생각한다.

그래서 은밀한 기도의 장소에서 성령과 시간을 보내며, 예수님을 바라보는 것이 그렇게 중요하다. 성령께서 우리 죄를 깨우치시고, 회개하게 하시고, 거룩한 삶을 살 은혜를 주시며, 그리스도께서는 우리가 **어떤** 삶을 살아야 할지 그 모델이 되어 주신다. 하나님께서 우리를 그런 식으로 점진적으로 변화시키실 때, 우리는 영광에서 영광으로 이르며, 하나님과의 친밀함이 깊어지고 예수님을 더욱 닮게 된다.

우리의 사랑의 능력이 커진다면, 우리가 예수님을 더욱 닮고 있는 것이다. 왜냐하면 하나님은 사랑이시기 때문이다. 요한일서 4장 7-8절에서 말씀한다. "사랑하는 자들아 우리가 서로 사랑하자 사랑은 하나님께 속한 것이니 사랑하는 자마다 하나님으로부터 나서 하나님을 알고 사랑하지 아니하는 자는 하나님을 알지 못하나니 이는 하나님은 사랑이심이라." 하나님의 대계명은 우리가 하나님을 사랑하고, 우리 자신을 사랑하듯 남들을 사랑하라는 것이다(마 22:37-39 참조).

우리가 성령으로 살고 사랑으로 사는 데 신실하다면, 하나님께서 우리를 그리스도의 형상으로 계속 변화시키실 것이다. "우리가 알거니와 하나님을 사랑하는 자 곧 그의 뜻대로 부르심을 입은 자들에게는 모든 것이 합력하여 선을 이루느니라 하나님이 미리 아신 자들을 또한 그 아들의 형상을 본받게 하기 위하여 미리 정하셨으니"(롬 8:28-29). 하나님의 영광은 하나님의 자녀들을 변화시키려고 임하신다. 하나님께서 예수 그리스도의 날까지 우리 안에 그 변화를 완료하시는 데 신실하실 것이다(빌 1:6 참조).

이 개인적 변화가 기반이다. 그것이 없으면, 우리는 자신의 마음의 진정한 동기조차 모르며, 하나님의 이름으로 다른 사람들에게 상처를 줄 수도 있다. 오직 우리가 인격적으로 변화되어야만 우리는 하나님의 영광의 통로가 될 것이고 우리 주변을 변화시킬 것이다.

사회적 변혁

우리의 인격이 하나님의 영광으로 변화되었을 때, 비로소 우리는 예수님을 위해 도시들과 열방에 영향을 미칠 수 있다. 주께서 우리에게 명하신다. "내게 구하라 내가 이방 나라를 네 유업으로 주리니 네 소유가 땅 끝까지 이르리로다"(시 2:8). 하나님의 자녀인 우리는 이방 나라를 유업으로 받았다. 하나님께서 나라들의 일을 우리에게 맡기시고 우리에게 지배권을 주신다. 하나님께서 에덴동산에서 우리에게 원래 주셨던 지배권을 회복시키고자 하신다.

이 다스림에 대한 성경적 근거는 일찍이 창세기 1장 28절에서부터 나온다. 하나님께서 아담과 하와에게 말씀하셨다. "생육하고 번성하여 땅에 충만하라, 땅을 정복하라, 바다의 물고기와 하늘의 새와 땅에 움직이는 모든 생물을 다스리라". 하나님께서 바라시는 것은 아담과 하와가 에덴동산에서 경험했듯이, 우리도 하나님과의 친밀한 관계를 통해 땅을 다스리는 것이다.

우리는 사탄이 제안한 길을 따르기로 선택했을 때 일어난 타락으로 지배권을 상실했다. 그러나 오직 그리스도 예수 안에서 경건한 지배권이 우리에게 회복되었다. 유의할 점은 하나님께서 우리에게 억압이 아니라 **지배권**을 주셨다는 것이다. 우리의 지배권은 사랑으로 청지기가 되는 것이며, 하나님 아버지께서 우리에게 보여주신 패턴을 따르는 것이다.

예수님께서 마지막 말씀으로 다스림의 명령을 우리에게 요약해 주셨다. 흔히 그것을 대위임령이라고 한다. "하늘과 땅의 모든 권세를 내게 주셨으니 그러므로 너희는 가서 모든 민족을 제자로 삼아 아버지와 아들과 성령의 이름으로 세례를 베풀고 내가 너희에게 분부한 모든 것을 가르쳐 지키게 하라"(마 28:18-20).

1980년대에 CCC 총재이자 설립자인 빌 브라이트와 예수전도단(YWAM)의 대표인 로렌 커닝햄이 중요한 영적 의미가 있는 만남을 가졌다. YWAM은 세계 최대의 청년 선교 단체로서, 1만 명이 넘는 젊은이들이 열방에서 수많은 사역을 하고 있다. 그 두 주요 사도가 만나서 주님께 새로 받은 말씀을 나누었다. 그들이 각자 받은 말씀이 사회 변혁에 대한 동일한 말씀이라는 것을 그들은 곧 알게 되었다. 그 회의는 예언적인 것이 되었다. 하나님께서 두 사람 모두에게 동일한 일곱 개의 '문화의 산'을 계시하셨고, 교회가 그 모두를 정복해야 한다고 분명히 명하셨다. 그 산들은 인간사의 모든 핵심 영역들이다. 그것은 가정, 사업, 정부, 종교, 교육, 미디어, 예술과 연예산업이다.[9]

하나님의 뜻은 우리 각자가 잠재력의 최대치에 이르는 것이고, 우리의 소명은 우리가 부름받은 산의 정상을 정복하는 것이다. 그렇게 해서, 우리는 땅 위에 하나님 나라를 세우고, 우리 주변의 사회를 변화시킨다. 성경은 말씀한다. "여호와께서 너를 머리가 되고 꼬리가 되지 않게 하시며 위에만 있고 아래에 있지 않게 하시리니 오직 너는 내가 오늘 네게 명령하는 네 하나님 여호와의 명령을 듣고 지켜 행하며"(신 28:13). 하나님께서는 우리가 우리의 산을 정복하기를 원하신다. 그리고 우리 개인의 영광을 위해서가 아니라 하나님의 영광을 위해, 사회의 그 영역을 우리의 영향력으로 변화시키기를 원하신다.

도시와 열방

하베스트 락 교회가 정복하도록 부름받은 산 중의 하나는 예술과 연예 산업이다. 하나님께서 우리 교회를 축복하셔서 아름다운 앰배서더 강당을 주셨다. 그것은 패서디나에 있는 세계 수준의 콘서트홀이다. 우리는 그것을 통해 복음을 전파할 놀라운 기회들을 가져왔다. 우리는 연중에 다양한 예술과 예능 그룹들에게 건물을 빌려 준다.

예를 들어, 유명한 로스앤젤레스 챔버 오케스트라가 우리의 건물을 사용해 콘서트를 연다. 우리의 건물을 사용하는 모든 그룹과 우리가 맺는 계약서에는 예수 그리스도의 복음을 전할 기회를 달라는 것이 있다. 그래서 앰배서더 강당에서 열리는 모든 콘서트와 행사 전에 우리의 교역자 중 한 명이 청중에게 환영사를 전하며 예수님에 대한 간단한 간증을 한다.

그 결과, 앰배서더 강당에서 열리는 다양한 공연을 관람하는 수천 명이 복음을 듣게 되고, 재능 있는 많은 공연자들도 예수 그리스도를 알게 되었다. 영화『드림걸스』의 한 장면을 우리 건물에서 촬영할 때, 나는 가수 비욘세 놀즈와 기도하고 그녀에게 사역할 기회를 가졌다. 우리의 건물을 사용해 하나님 나라의 좋은 소식을 전하는 것은 우리가 도시 변혁의 부르심을 성취하는 한 가지 방법이다.

교회에 하나님께서 바라시는 것은 우리의 도시들을 변화시키는 것만이 아니라, 우리나라까지 변화시키는 것이다. 2000년 9월에 워싱턴 D.C.에서 더 콜 D.C. 집회가 열렸다. 40만 명이 넘는 사람들이 낙태 종식과 미국의 부흥을 위해 금식하고 하나님께 기도했다. 이어서 그 해에 미국은 정치 역사상 특별한 순간을 경험했다. 대통령 선거 중에 플로리다에서 집계가 다시 이뤄졌던 것이다. 그래서 결국 앨 고어가 총 득표수에서 앞섰지만, 조지 W. 부시가 대통령에 당선되었다. 부시 대통령이 미국에서 임신 말기 낙태 금지를 이뤘다는 점을 간과할 수 없다. 2003년에 미국 의회는 준분만 낙태 금지 법안을 통과시켰고, 부시 대통령이 서명해 법제화했다.

또한 부시 대통령은 미국 대법관으로 존 로버츠와 새뮤얼 얼리토를 임명했다. 두 사람 모두 2007년 4월에 임신 말기 낙태 금지를 지지해 5 대 4로 승리하는 데 결정적인 인물들이었다. 부시 대통령이 로버츠를 대법관으로 임명하기 전에, 워싱턴 D.C.에 있는 루 엥글과 기도 용사들의 사역, 정의의 기도원에 흥미로운 일이 일어났었다. 그들이 낙태 종식을 위해 기도할 때, 계속해서 '존 로버츠'라는 이름을 받았다. 그들은 로버츠가 누군지 모르다가, 인터넷에서 그의 이름을 찾아보고, 그가 대법관으로 임명되기를 기도했다. 그것은 부시 대통령이 로버츠를 후보자로 거론하기 전이었다. 이런 예들은 우리의 기도와 행동이 국가의 진로에 영향을 미칠 잠재성이 있다는 것을 보여 준다.

하베스트 인터내셔널 미니스트리(HIM)는 우리 교회의 사도적 네트워크 사역이다. 그것을 통해 우리는 미국만이 아니라, 전 세계 30개가 넘는 나라와 5,000개가 넘는 교회들까지 변혁시키고 있다. HIM의 핵심 리더들은 교회 개척, 복음 전파, 고아 사역을 하며, 하나님의 영광을 열방에 나타내고 있다. 나는 이 모든 수고를 통해 예수님의 말씀이 성취되고 있다고 믿는다. "이 천국 복음이 모든 민족에게 증언되기 위하여 온 세상에 전파되리니 그제야 끝이 오리라" (마 24:14).

열방을 제자 삼기

예수님께서 대위임령에서 열방으로 제자를 삼으라고 제자들에게 말씀하셨다. 예수님께서 열방으로 **신자**를 삼으라고 하지 않으시고, **제자**를 삼으라고 하셨다. 여기서 강조하는 것은 회심자의 수만이 아니라 제자의 질이다. 이 위임령은 해외 선교를 하는 선교사들에게만 해당되지 않는다. 우리는 **모두** 주변 세상으로 가라는 명령을 받았다. 우리가 "희어져 추수하게 된"(요 4:35) 선교지에 둘러싸여 있음을 예수님께서 우리에게 상기시키셨다.

우리 교회는 예술과 연예 산업에 부름을 받았고 할리우드 가까이 있다. 우리는 대배우들이 파격적으로 구원받는 것을 보고 있다. 사생활 존중 차원에서 이름을 밝히지는 않겠지만, 할리우드 스타들의 일부가 예수님께 열정을 갖게 되었다. 이 배우들은 일반 예배에 참석할 수 없다. 그랬다가는 팬들과 파파라치들에게 둘러싸일 것이기 때문이다. 그 대신 그들은 집에서 갖는 성경 공부를 통해 제자로 훈련되고 있다.

베드로는 저명한 이방인 고넬료를 전도할 때 비슷한 상황에 직면했다. 사도행전 10장에서 베드로가 하나님의 환상에 순종해 고넬료의 집에 갔을 때, 그 이방인들이 구원받았고, 성령을 받았고, 세례를 받았다. 그러나 그 지역의 회당은 이방인 신자인 고넬료에게 열려 있지 않았다. 그래서 고넬료의 친구들과 가족은 베드로에게 며칠 머물며 가르쳐 달라고 했고, 베드로는 동의했다. 베드로는 새 신자들이 훈련받아야 할 필요성을 알았다.

제자훈련은 믿음의 원리들을 가르치는 것 이상의 과정이다. 그것은 그리스도께서 사신 삶을 살고, 그리스도의 영광을 분명히 나타내는 것이다. 우리는 그분의 능력과 권위 안에 행하고, 우리가 제자양육 하는 자들에게 그의 선하심을 반영해야 한다.

예수님께서 우리가 "세상의 소금"(마 5:13)이라고 하셨다. 또 우리를 "세상의 빛"(마 5:14)이라고 하셨다. "이같이 너희 빛이 사람 앞에 비치게 하여 그들로 너희 착한 행실을 보고 하늘에 계신 너희 아버지께 영광을 돌리게 하라"(마 5:16).

누가복음 19장 13절에서 예수님께서 "내가 돌아올 때까지 장사(business)하라"고 말씀하셨다. 우리가 해야 할 사업은 무엇인가? 우리가 먼저 부흥을 경험하고, 우리의 세상을 변화시켜야 한다고 나는 믿는다. 우리 안의 빛이 밖으로 비치게 하여, 우리 주변의 사회를 변화시켜야 한다. 우리는 열방으로 제자를 삼아서 대위임령을 완수하고, 대계명을 완성해야 한다.

하나님께서 영광을 나타내시는 목적이 있다. 하나님의 백성과 세상을 구원하고 변화시켜서 온 땅에 하나님의 영광이 가득해지는 것이다. 신자로서 우리는 하나님의 영광으로 변화되어야 하고, 그 다음에는 하나님의 영광을 우리가 사는 세상에 나타내야 한다.

When Heaven Comes Down

12장 하나님의 영광과 부

터무니없이 들리겠지만, 때로 하나님의 영광이 나타날 때, 금, 금가루, 보석이 갑자기 어디선가 나타난다. 나는 그런 일이 일어나는 것을 봤기 때문에 그것을 안다. 2008년 5월의 이스라엘 여행 중에, 우리의 한 집회 중에 금 조각이 떨어졌다. 우리 여행 그룹 중의 한 여자가 그것을 내게 건네주었다. 내 아내 수는 예수님에 대해 말할 때마다 손에 금가루가 묻는다. 우리 하베스트 락 교회에서는 수많은 교인들이 치아가 금으로 메워지거나 골드 크라운으로 덮였다고 보고한다. 그들은 병원에 가서 치과의사에게 그 초자연적인 역사를 확인받았다.

전 세계 도처에서 찬양 집회 중에 보석과 준보석이 갑자기 나타나고 있다. 몇 년 전에 캘리포니아 주, 레딩에 있는 베델 교회의 담임 목사 빌 존슨이 아이다호 주에 사는 한 소박한 부부의 마당에 떨어진 보석의 사진을 보여 주었다. 빌은 비행기를 타고 가서 그 노인 부부를 만나 그 보석들의 사진을 찍었다. 50캐럿 크기의 다양한 보석들은 보석감정사도 모르는 보석들이었다.

그 다음에, 2008년 7월에 뉴질랜드 HIM의 목사인 롭 델루카가 지갑에 가지고 다니는 두 개의 작은 보석을 내게 보여 주었다. 한 보석은 그의 교회에서 찬양 시간에 나타났다. 찬양 인도자가 기타에서 뭔가 덜거덕거리는 소리를 듣고 기타를 흔들자 그 보석이 떨어졌다. 또 다른 보석은 한 교인이 찬양 중에 쓰러져 있다가 바로 옆에서 발견한 것이었다. 롭은 두 보석 모두 감정을 받았는데, 그 보석들은 현재까지 지구에서 발견된 적이 없는 것이라고 했다.

왜 보석들이 나타나고 있는가? 왜 금가루가 나타나는가? 사회 변혁을 위해 하나님께서 하나님의 백성에게 부를 주신다는 예언적 징조라고 나는 믿는다.

영광과 부

히브리어로 '영광'은 **카보드**(Kabôd)라는 것을 이미 1장에서 얘기했다. 『스트롱 사전』(Strong's Dictionary)에 따르면, 그 정의는 '풍부함, 존귀, 영광, 부유함, 부, 광채'이다. 그 정의에 나타난 영광은 '부의 묵직한 광채'이다. 성경은 하나님의 영광과 부의 등장 사이에 상관관계가 있음을 보여 준다.

이사야서 60장은 하나님의 영광이 도래했다는 선언으로 시작된다. "일어나라 빛을 발하라 이는 네 빛이 이르렀고 여호와의 영광이 네 위에 임하였음이니라 보라 어둠이 땅을 덮을 것이며 캄캄함이 만민을 가리려니와 오직 여호와께서 네 위에 임하실 것이며 그의 영광이 네 위에 나타나리니"(사 60:1-2).

같은 장의 이어지는 여러 구절들은 부와 금이 하나님의 사람들에게로 온다고 말씀한다.

> 네가 보고 기쁜 빛을 내며 네 마음이 놀라고 또 화창하리니 이는 바다의 부가 네게로 돌아오며 이방 나라들의 재물이 네게로 옴이라 허다한 낙타, 미디안과 에바의 어린 낙타가 네 가운데에 가득할 것이며 스바 사람들은 다 금과 유향을 가지고 와서 여호와의 찬송을 전파할 것이며
>
> 이사야 60:5-6

영광에 부가 따르는 동일한 원리가 학개서에도 나타난다.

> 또한 모든 나라를 진동시킬 것이며 모든 나라의 보배가 이르리니 내가 이 성전에 영광이 충만하게 하리라 만군의 여호와의 말이니라 은도 내 것이요 금도 내 것이니라 만군의 여호와의 말이니라
>
> 학개 2:7-8

학개는 성전이 재건될 때 이 예언적인 말을 했다. 그래서 이 본문은 이중적 함축의미를 갖는다. 한 면으로, 이것은 여호와의 물리적 성전이 에스라의 영도 하에서 회복되고 재건되는 것을 가리킨다. 다른 의미로, 이 구절은 또 다른 성전인 영적 성전, 즉 하나님의 교회를 예언적으로 말하고 있다고 믿는다. 여호와께서 그의 교회인 그리

스도의 몸을 영광으로 채우실 것이고, 열방의 부가 하나님의 백성에게로 올 것이다.

부의 전가

오늘날 많은 그리스도인들은 하나님께서 그들을 물질적으로 축복하기 원하신다는 것을 믿기 매우 어려워한다. 그 작지 않은 원인은 가난이 경건한 겸손을 낳고 그리스도를 닮은 성품을 형성시켜 준다고 교회가 오랜 세월 동안 가르쳐 온 것이다.

그 반면에 부는 악하고 타락시키는 영향을 준다고 여겨져 왔다. 물론 돈을 사랑하거나 숭배하면 많은 문제에 빠질 것이라고 성경은 매우 분명히 밝힌다. 그러나 돈 한 푼 없어도, 돈에 완전히 집착할 수 있다.

그러므로 가난을 그런 식으로 높이는 것은 완전히 비성경적이다. 하나님께서 하나님의 백성이 번영하기를 원하신다고 성경은 반복해서 밝힌다. 예레미야 29장 11절에서 말씀한다. "너희를 향한 나의 생각을 내가 아나니 평안이요 재앙이 아니니라 너희에게 미래와 희망을 주는 것이니라."

마찬가지로, 신명기 28장 11절에서도 말씀한다. "여호와께서 네게 주리라고 네 조상들에게 맹세하신 땅에서 네게 복을 주사 네 몸의 소생과 가축의 새끼와 토지의 소산을 많게 하시며." 하나님께서 그 백성을 **물질적으로 풍성하게** 축복하기를 원하신다.

하나님의 축복에 부도 포함된다고 잠언 10장 22절에서 말씀한다. "여호와께서 주시는 복은 사람을 부하게 하고 근심을 겸하여 주지 아니하시느니라." 부는 여호와로부터 온다(대상 29:12 참조). 그리고 우리가 하나님의 주권 하에 있을 때, 하나님께서 우리를 잘되게 하려고 하신다.

다윗은 이렇게 자신이 관찰한 바를 말했다. "내가 어려서부터 늙기까지 의인이 버림을 당하거나 그의 자손이 걸식함을 보지 못하였도다 그는 종일토록 은혜를 베풀고 꾸어 주니 그의 자손이 복을 받는도다"(시 37:25-26). 하나님께서 하나님의 의인들을 풍성히 축복하셔서 돈을 꿔줄 수 있게 하시고 자녀들을 위한 돈도 충분히 갖게 하신다.

하나님께서 불의한 자의 부를 의인에게로 옮기기 원하신다고 성경은 또한 분명히 말씀한다. "선인은 그 산업을 자자손손에게 끼쳐도 죄인의 재물은 의인을 위하여 쌓이느니라"(잠 13:22). 성경에는 하나님의 백성에게로 부가 옮겨진 예들이 가득하다.

출애굽기에서 모세는 애굽을 떠나기 전에 이스라엘 자손에게 애굽인들에게 부를 구하라고 지시했다.

이스라엘 자손이 모세의 말대로 하여 애굽 사람에게 은금 패물과 의복을 구하매 여호와께서 애굽 사람들에게 이스라엘 백성에게 은혜를 입히게 하사 그들이 구하는 대로 주게 하시므로 그들이 애굽 사람의 물품을 취하였더라

출애굽기 12:35-36

하나님께서 그분의 백성을 애굽의 노예살이에서 해방시키실 때, 애굽인들의 부가 이스라엘 백성에게로 옮겨졌다. 부가 옮겨진 또 다른 예는 에스라서에 있다.

고레스 왕 원년에 조서를 내려 이르기를 예루살렘에 있는 하나님의 성전에 대하여 이르노니 이 성전 곧 제사 드리는 처소를 건축하되 지대를 견고히 쌓고 그 성전의 높이는 육십 규빗으로, 너비도 육십 규빗으로 하고 큰 돌 세 켜에 새 나무 한 켜를 놓으라 그 경비는 다 왕실에서 내리라 또 느부갓네살이 예루살렘 성전에서 탈취하여 바벨론으로 옮겼던 하나님의 성전 금, 은 그릇들을 돌려보내어 예루살렘 성전에 가져다가 하나님의 성전 안 각기 제자리에 둘지니라 하였더라

에스라 6:3-5

페르시아 왕 고레스는 예루살렘에 있는 하나님의 성전을 재건하겠다고 선포하고, 페르시아 왕실 국고로 그 비용을 댔다. 뿐만 아니라, 고레스는 느부갓네살이 성전에서 가져간 모든 은금을 복구시키라고 명령했다. 심지어 그는 성전에서 일하는 유대인들을 왕실 국고로 지원할 것이며, 제사장들에게 필요한 모든 물질을 어김없이 제공

하겠다고 선포했다(스 6:8-10).

하나님께서 고레스의 마음을 움직이셔서 그런 칙령을 내리게 하셨다. 그래서 페르시아인들의 부가 하나님의 백성에게로 옮겨졌다. 그 모든 것은 하나님의 성전 재건이라는 목적을 위해서였다.

오늘날의 부의 이동

오늘날에도 하나님은 여전히 하나님의 백성이 형통하기를 원하신다. 성경의 약속은 변하지 않는다. 신명기 8장 18절에서 말씀한다. "네 하나님 여호와를 기억하라 그가 네게 재물 얻을 능력을 주셨음이라 이같이 하심은 네 조상들에게 맹세하신 언약을 오늘과 같이 이루려 하심이니라."

유대인은 여전히 하나님의 택함받은 민족이고, 하나님께서 창세기 12, 13장에서 아브라함에게 약속하신 대로 그들을 계속 번영시키고 계신다. 그러나 이제 우리는 예수 그리스도의 관계로 말미암아 모든 신자들이 아브라함의 언약의 부를 유업으로 받을 수 있다.

하나님께서 오늘날에도 그분의 백성에게 부를 옮기고 계신다. 우리는 그런 이전이 일어나는 것을 보고 있다.

✱ 1997년에 팻 로벗슨은 더 패밀리 채널을 매각했다. 그것은 크리스천

방송 네트워크(CBN)가 소유한 위성중계 케이블 텔레비전 네트워크였는데, 폭스 키드 월드와이드 주식회사에 19억 달러에 매각되었다! 그 채널은 나중에 다시 디즈니에 인수되어 ABC 패밀리로 2001년에 변경되었다.[1]

* 2004년에 맥도날드 창립자의 미망인 조운 B. 크록이 기독교 단체, 구세군에 15억 달러를 기부했다. AP는 이렇게 보도했다. "크록의 기부는 자선단체 기부금 사상 최대 금액이며, 비영리 단체에 대한 기부 역사에서는 아홉 번째로 크다."[2]

* 2006년 초에 에너지 서비스 회사, 엔터프라이즈 프러덕츠 파트너스의 회장 댄 L. 던컨은 베일러 대학교 의대에 새 암 센터를 짓도록 1억 달러를 기부했다.[3] 베일러 대학교는 남침례교 소속이다. 복음주의자들 중에 부의 이동이 이뤄지고 있어서 나도 그들과 함께 기뻐한다.

또한 사도적 은사주의 교회들 간에 국제적으로 부의 이동이 이뤄지고 있다. 나는 인도네시아의 알렉스 타누스푸트라라는 목사를 알고 있다. 그는 동남아시아 전역에 있는 800개 교회의 사도적 네트워크를 감독하고 있으며, 그 자신의 교회도 인도네시아 최대 교회 중 하나이다.

하나님께서 알렉스에게 세계에서 가장 높은 건물이 될 기도 타워를 건축하라고 말씀하셨다. 알렉스는 그 자카르타 타워가 그리스도인이 꼬리가 아닌, 머리임을 나타내는 예언적 징조가 될 것이라고 믿고 있다(신 28:13 참조). 『유나이티드 월드』 지와의 인터뷰에서 알렉스는 말했다.

"무엇보다도 이 타워의 목적은 지역사회 환원입니다. 사람들에게 일자리를 제공하고, 2억 인구를 위한 탁월한 교육 및 종교 프로그램을 운영할 것입니다. 주님께서 투자자와 기부자를 주셔서 저희를 돕고 계십니다."[4]

하나님께서 2010년에 완공될 예정인, 이 웅장한 건축 프로젝트를 위해 부를 기적적으로 공급하고 계신다. 한 놀라운 재정지원은 알렉스의 교회의 한 사업가를 통해서 왔다. 중국의 석탄 생산으로 석탄 가격이 곤두박질치자, 그 사업가는 소유한 탄광을 놔두고, 다른 사업들에 초점을 맞추었다. 그러다 중국의 탄광들이 많은 환경 문제를 야기해서 중국 정부는 광산들을 폐쇄해야 했다.

그때 그 사업가는 자신이 소유한 탄광을 다시 열어서 3억 톤으로 추정되는 석탄을 채굴하려 했다. 그러나 놀랍게도, 매장된 석탄은 10억 톤이 넘는 것으로 타나났다. 뿐만 아니라, 석탄을 채굴하려고 탄광을 다시 열었을 때, 그곳에서 석유도 발견되었다. 그 이윤에 대한 그 그리스도인 사업가의 첫 십일조는 4,500만 달러였고, 그것이 자카르타 타워에 투입되었다.

캘리포니아 주, 패서디나에 있는 우리 교회 건물인 앰배서더 강당도 막대한 부의 이동을 보여 주는 예언적 징조 중 하나라고 나는 믿는다. 이 건물은 원래 허버트 암스트롱(1892-1986, 초기 방송 전도자-역주)과 월드와이드 하나님의 교회가 건축해 소유했다. 그 분파는 이단으로 드러났다. 비성경적인 교리와 전통적 기독교에 대한 비판 때문이었다.[5]

결국 월드와이드 하나님의 교회는 비성경적인 교리를 버리고, 미국 복음주의 협회에 가입했다. 그 후에 그들은 아름다운 앰배서더 강당을 우리 교회에 팔겠다고 제안했다. 그리고 하나님께서 하베스트 락에 기적적으로 재정을 공급하셔서 그 건물을 사게 하셨다.

앰배서더 강당은 우리 도시에서 연례 로즈 퍼레이드 토너먼트가 시작되는, 도시의 '머리' 부위에 위치한다. 강당의 천장은 24K 순금 잎으로 덮여 있다. 그리고 100만 달러 가치의 샹들리에가 입구를 장식한다. 벽은 준보석인 오닉스로 만들어졌다. 우리가 하나님 나라를 확장시키고 우리 사회를 변화시키기 위해 이 건물을 사용하는 것은 하나님의\부가 크게 이전되는 것을 예언적으로 보여 준다고 나는 믿는다.

우리는 이스라엘의 거룩한 분을 결코 제한하지 말아야 한다. 이사야서 60장 11절에서 우리에게 말씀하신다. "네 성문이 항상 열려 주야로 닫히지 아니하리니 이는 사람들이 네게로 이방 나라들의 재물을 가져오며 그들의 왕들을 포로로 이끌어 옴이라." 주야로 주님께서 하나님의 자녀를 계속 번창시키실 것이며, 하나님을 모르는 자들로부터 의인에게로 부를 옮기실 것이다.

형통의 원리

하나님께서 그분의 백성을 형통하게 하기 원하신다. 그러나 우리가 하나님의 축복을 신실하고 올바르게 관리해야만 부를 맡기실 것이다. 성경은 말씀한다. "땅과 거기에 충만한 것과 세계와 그 가운데에 사는 자들은 다 여호와의 것이로다"(시 24:1). 하늘과 땅의 모든 것이 창조자 하나님께 속한다(대상 29:11 참조). 우리가 하나님의 피조물의 청지기로 행동하려면, 하나님의 지혜와 총명을 가져야 한다. 형통하기 위한 여섯 가지 중요한 원리가 있다.

1. 청지기의 자세

부와 존귀는 만물의 통치자이신 하나님 아버지로부터 온다(대상 29:12). 하나님으로부터 부를 받을 때, 우리 자신을 부의 주인이 아니라, 청지기로 봐야 한다. 청지기의 자세란 무엇인가? 그것을 이해하기 위해 청지기의 한 모델인 금융 설계사의 기능을 살펴볼 수 있다. 금융 설계사는 관리하라고 맡긴 돈의 소유자가 아니다. 그들의 일은 좋은 투자 기회를 포착해서 그들이 감독하는 계좌 주인들에게 더 많은 재정적 이윤을 창출해 주는 것이다.

그것과 비슷하게, 우리는 하나님의 자녀로서 하나님께서 우리에게 주신 것, 즉 은사, 재능, 재정 등을 올바로 관리해야 한다. 그 모든 것들은 결국 하나님의 것이다. 작은 것에 충성되지 않은 사람은 많은 것을 맡을 기회가 없을 것이라고 예수님께서 말씀하셨다(눅 16:10 참조). 그러나 만일 우리가 하나님께서 이미 주신 것에 신실하다면, 하나님께서 기꺼이 우리에게 더 많이 주실 것이다. 다윗은 사무엘하 22장 26절에서 "완전한 자에게는 주의 완전하심을 보이시며"라고 하나님의 신실하심을 노래한다.

2. 순종

청지기직의 원리를 이해하는 외에도, 우리는 하나님께 순종하며 행해야 한다. 순종하여 행하지 않고 그리스도의 주권에 순복하지 않는 사람에게는 하나님의 부를 맡기지 않으실 것이다. 성경은 말씀한다. "여호와께서 우리에게 이 모든 규례를 지키라 명령하셨으니 이는 우리가 우리 하나님 여호와를 경외하여 항상 복을 누리게 하기 위하심이며 또 여호와께서 우리를 오늘과 같이 살게 하려 하심이라"(신 6:24).

번영의 축복을 받으려면, 조건이 있다. 주님의 명령에 우리가 먼저 순종해야 한다. 우리가 주님께 순종하고 주님을 경외하면, 우리가 하는 모든 일이 형통할 것이라고 성경은 말씀한다(신 29:9 참조).

3. 성품

우리는 또한 성품과 온전함에 있어서 성장해야 한다. 그래야 하나님께서 우리에게 하나님의 축복과 부를 맡기실 수 있다. 남을 축복하는 수단으로서의 돈은 엄청난 축복이 될 수 있다. 그러나 만일 돈을 수단이 아니라 목적으로 본다면, 우리는 타락할 수 있다. 성경은 말씀한다. "돈을 사랑함이 일만 악의 뿌리가 되나니 이것을 탐내는 자들은 미혹을 받아 믿음에서 떠나 많은 근심으로써 자기를 찔렀도다"(딤전 6:10). 돈을 **사랑함**이 악의 뿌리이지, 돈 자체가 악이 아니다. 돈에 대한 우리의 태도에 올바른 성품이 없으면, 하나님께서 우리에게 부를 옮겨 주실 것이라고 기대할 수 없다.

4. 회개

부의 이전에 있어서 고려할 중요한 또 다른 요소는 '빈곤의식'을 회개하는 것이다. 빈곤의 영이 교회에 들어온 것은 서기 3세기경이었다. 그리고 그것은 청빈의 서원을 해야 하는 기독교 수도원 제도의 발달로 이어졌다. 시간이 흐르며 가난은 경건과 동일시되었다.

나는 그리스도인이 소박한 삶을 살기 원하는 것을 반대하지 않는다. 그러나 가난을 모든 사람의 의무로 규정하는 것은 율법주의적 행위이다.

오늘날 우리 교회들에도 가난의 영이 여전히 많이 남아 있다. 그런 빈곤의식을 회개하는 것이 중요하다. "회개하라 천국이 가까이 왔느니라"(마 4:17). 빈곤의식을 회개하면, 우리의 생각이 바뀌고 믿음이 활성화되어, 하나님께서 우리에게 주고 싶어 하시는 형통함의 축복을 받을 수 있게 된다.

5. 씨 뿌리기

십일조와 헌금으로 하나님께 돌려드리는 것은 부를 이전받기 위한 또 다른 중요한 요소이다. 주님께서는 하나님께 돌려드리는 자들을 축복하신다. 사람들이 십일조를 할 것인지, 말 것인지 주저하거나, 하나님께 돈을 돌려드리기를 힘들어 한다면, 내가 보기에 그것은 예수님을 주님으로 모시고 모든 것을 바치지 않은 징후이다.

내가 구원받았을 때, 수입의 10퍼센트를 주님께 드려야 한다는 말을 들었다. 나는 즉시 동의했다. 왜냐하면 그것이 성경의 명령이라는 것을 알았기 때문이었다(갈 14:18-20, 레 27:30-33, 말 3:6-12, 마 23:23 참조). 나는 그것을 다시 생각하거나 곰곰이 되새겨볼 필요가 없었다. 성경이 그렇게 말씀했으므로, 나는 그렇게 받아들였다.

바울은 우리에게 말한다. "이것이 곧 적게 심는 자는 적게 거두고 많이 심는 자는 많이 거둔다 하는 말이로다 각각 그 마음에 정한 대로 할 것이요 인색함으로나 억지로 하지 말지니 하나님은 즐겨 내는 자를 사랑하시느니라"(고후 9:6-7). 하나님은 신실히 돌려드리는 자에게 더 많은 것을 주실 것이다.

6. 형통의 목적

마지막으로, 하나님께서 그 백성을 형통하게 하시는 목적을 이해해야 한다. 하나님께서 은혜와 영광으로 우리를 무장시키셔서 하나님 나라를 확장시키고, 사회를 변화시키고, 세상의 빛과 소금이 되게 하신다. 그리고 우리에게 부를 맡기셔서 문화를 변화시킴을 통해 하나님 나라를 땅에 임하게 하신다. 그것은 '불가능한 사명' 같아 보이고, 그리스도의 재림 후에나 일어날 수 있을 것으로 보일 수 있다. 그러나 그리스도께서 친히 우리에게 하나님 나라가 임하고 하나님의 뜻이 하늘에서 이룬 것같이 땅에서 이루어지기를 기도하라고 가르치셨다는 것을 기억해야 한다. 나는 그리스도께서 그 기도의 성취를 정말로 뜻하셨고, 그 성취를 위해 일하라는 명령을 우리에게 주셨다고 믿는다.

하나님께서 하나님 나라의 확장을 위해 부의 이전을 어떻게 사용하고 계신지 좋은 예를 들어보겠다. 몇 년 전 중국에 갔다가 나는 '사업계의 사도'를 만나는 좋은 기회를 가졌다. 그는 교회 담장 밖에서 사도적 사역을 하고 있는 사람이었다(보안상 그의 이름은 밝히지 않겠다). 그는 미국인 사업가이고, 20대 초반에 중국 선교사의 소명을 느꼈다. 당시에 그는 대학생이었다.

그는 졸업 후에 중국에 가서 2년 동안 영어를 가르쳤다. 그는 계약기간이 끝난 후, 중국에 선교사로 머물기 원했지만, 선교사 비자를 받기는 불가능했다. 그래서 그는 대신 사업 비자를 신청했다. 비록 그의 첫 번째 선택은 사업가가 아니라 선교사였지만, 그는 그 기회를 이용해 몇 가지 이윤이 많이 남는 사업을 시작했다.

그것이 거의 30년 전이었다. 오늘날 그 사람은 중국에서 가장 성공한 사업가 중 한 사람이 되었다. 그는 열 개가 넘는 회사를 소유한 거부이다. 그는 회사를 운영할 때, 처음에 중국에 와서 영어를 가르치던 시절에 배운 기술을 계속 사용했다. 그러나 지금은 오직 복음을 전하기 위해서만 그 기술을 사용한다.

예를 들어, 그는 영어를 배우고 싶어 하는 모든 임원들과 직원들에게 무료 영어 강의를 제공한다. 그때 성경을 교재로 사용한다! 그 특별한 직장 전도를 통해 많은 직원들이 주님을 알게 되었다.

사업 성공의 결과, 그는 다른 성공적인 그리스도인 사업가와 협력해서 중국의 가장 좋은 대학교 중 하나를 세웠다. 두 사람은 옥스퍼드, 케임브리지, 아이비리그 대학 등 서구 대학교의 학위를 가진 최고 교수진들을 채용했고, 그들을 초청하기 위해 최고의 급료 수준을 제공했다. 그리고 그들은 반드시 그리스도인 교수만 채용한다!

하나님께서 두 사업가가 중국 정부 관료들로부터 큰 호의를 받게 하셨다. 그들은 성공한 사업가의 신분 때문에 핵심관료들과 접할 수 있었다. 그들은 각 핵심관료와 전략적으로 '식사'를 하면서 교수들이 기독교 가치의 배경 하에서 과목을 가르칠 수 있게 허가하도록 설득했다. 결국은 중국 관료들도 그것을 환영했다. 그들은 정직성과 부모 공경, 정부의 권위에 대한 복종 등의 기독교 가치관이 중국의 국가적 가치관과 일치한다는 것을 발견했다.

교수들에게 유일하게 금지하는 것은 낮 시간에 강의실에서 복음을 전하지 말라는 것이다. 그러나 저녁에는 성경공부와 기독교 예배를 마음대로 할 수 있다. 그 대학교의 탁월한 교수진과 커리큘럼 때문에 중국 정부는 최고 수준의 학생들을 거기 보내고 있다.

그 학생들은 장래 중국의 정부 리더 및 중국 기업의 CEO가 될 것이다. 지금 이 글을 쓰는 시점에, 1만 5,000명의 학생이 그 대학교에 등록되어 있고, 3,000명 이상이 예수님을 영접했다. 그 학생들은 회심자일 뿐만 아니라, 중국 문화의 변화를 위해 훈련받고 있는 제자들이기도 하다.

선교사가 되려고 했었던 그 사업가는 하나님께서 그에게 그런 엄청난 번영을 주신 목적이 있다는 것을 안다. 수억 달러를 건축에 기부한 두 사업가의 선교 열정이 없었다면, 공동 설립한 그 놀라운 대학교는 존재할 수 없었을 것이다. 원래 그 사람은 선교지의 전형적인 선교사가 되기 원했었지만, 하나님께서 더 큰 목적과 더 큰 선교지를 염두에 두고 계셨다. 그래서 이제 중국을 변화시킬 추수가 이루어지고 있다.

이 예에 잘 나타났듯이, 하나님께서 그분의 백성에게 부를 옮기시는 목적은 사회의 변화이다. 그 목적을 위해 돈이 사용될 때, 하나님께서 영광받으시고, 하나님의 나라가 능력 있게, 그리고 종종 우리의 상상을 넘어선 정도로 확장된다!

13장 마지막 때의 하나님의 영광

When Heaven Comes Down

지난 세월 동안 나는 목사로서, 사람들이 예수 그리스도의 재림과 마지막 때에 대해 걱정하는 것을 반복해서 들어왔다. 마지막 때에 대해 다양한 사람들이 여러 이론을 발전시켜 왔다.

예를 들어, 많은 기독교 리더들은 최근의 지진과 홍수가 어떤 나라에 대한 심판의 형태로 주님께서 보내신 것이라고 경고해 왔다. 어떤 신자들은 교회에 대한 엄청난 핍박의 때를 예견한다. 또 어떤 사람들은 다른 그리스도인들과 함께 '도피성'에 숨어서 보호받아야 한다고 말한다.

마지막 때

본 장에서는 마지막 때에 대해 성경이 무엇이라고 말씀하는지 알아보려 한다.

마지막 때의 하나님의 영광에 대해 성경이 다섯 가지 원리를 말씀하는 것을 나는 발견했다.

1. 나중 영광과 이전 영광

마지막 때의 하나님의 영광에 대한 첫 번째 원리가 있다. **나중 영광이 이전 영광보다 클 것이다.** 이 원리는 학개서에서 나왔다.

> 또한 모든 나라를 진동시킬 것이며 모든 나라의 보배가 이르리니 내가 이 성전에 영광이 충만하게 하리라 만군의 여호와의 말이니라 은도 내 것이요 금도 내 것이니라 만군의 여호와의 말이니라 이 성전의 나중 영광이 이전 영광보다 크리라 만군의 여호와의 말이니라 내가 이곳에 평강을 주리라 만군의 여호와의 말이니라   학개 2:7-9

나중 영광이 이전 영광보다 크다는 것이 무슨 의미인지 설명하겠다.

학개서를 문자 그대로 역사적으로 해석하자면, 학개는 스룹바벨 하에서 지어질 성전이 솔로몬 왕 밑에서 지어진 성전보다 더 영광스러울 것이라고 예언하고 있었다. 그러나 예언은 여러 가지 함축 의미를 가질 수 있다.

나는 학개가 지금 우리가 살고 있는 이 시대에 대해서도 예언한 것이라고 믿는다. 이 시기는 예수님께서 십자가에서 죽으시고, 부활하시고, 승천하셔서 성령을 부어 주신 후에 시작되었다. 지난 2,000년을 포함한 새 언약 하의 기간이 율법, 혹은 옛 언약 하에 있던 이전 기간보다 더 영광스러웠다는 데는 의심의 여지가 없다 (히 7:22, 8:6 참조).

예수님께서 더 큰 영광에 대해 제자들에게 이렇게 말씀하셨다. "내가 진실로 진실로 너희에게 이르노니 나를 믿는 자는 내가 하는 일을 그도 할 것이요 또한 그보다 큰 일도 하리니 이는 내가 아버지께로 감이라"(요 14:12). 그리스도의 죽음과 부활을 통해 우리가 더 큰 영광에 나아갈 수 있게 되었다고 그리스도께서 말씀하신 것이다. 예수님께서 친히 증거하신 바에 따르면, 우리는 예수님께서 지상에 계실 때 하신 것보다 더 큰 역사와 기적을 이룰 수 있다.

나는 때로 그리스도인들이 이렇게 말하는 것을 듣는다. "신약성경 시대에 살았으면 얼마나 좋았을까." 그러나 나는 오히려 신약시대 초기에 살았던 사도들과 선지자들이 지금 우리가 그리스도의 재림 전의 마지막 때에 경험하는 것을 갈망했을 것이라고 믿는다!

바울이 고린도후서 3장 18절에서 마지막 영광이 점점 더 커질 것이라고 말한다. "우리가 다 수건을 벗은 얼굴로 거울을 보는 것같이 주의 영광을 보매 그와 같은 형상으로 변화하여 영광에서 영광에 이르니 곧 주의 영으로 말미암음이니라."

모세가 하나님의 영광을 경험했지만, 그것은 사라져 가는 영광이었다. 우리는 예수님을 통해 받은 새 언약 하에서 점점 더 커져 가는 영광에 접한다. 그래서 우리는 계속 주님의 형상으로 화한다. 우리는 예수 그리스도께서 다시 오실 때까지 더욱 더 큰 영광을 계속해서 경험하게 될 것이라고 확신할 수 있다.

2. 부흥의 영 받아들이기

마지막 때의 하나님의 영광에 대한 두 번째 원리가 있다. **부흥의 영을 초청하는 집에 하나님의 영광이 거할 것이다.**

우리가 예수님을 마음에 영접할 때 하나님의 영광이 우리 안에 거한다는 것을 안다. 우리 안에 계신 그리스도께서 영광의 소망이시며(골 1:27 참조), 우리의 몸이 성령의 전이 되어야 한다고 성경은 말씀한다.

그런데 어떤 그리스도인들은 말한다. "하나님은 어디나 계시고 제 안에도 계세요. 그래서 부흥을 경험하려고 어디에 갈 필요가 없어요. 지금 여기서 부흥을 경험할 수 있어요."

그 말도 일리가 있지만, 하나님의 영광, 즉 하나님의 나타난 임재가 역사적으로 부흥의 시기에 특정한 지역에 임했다. 성령께서는 1906년에 아주사 거리에 임하셨다. 1994년에는 토론토에 나타나셨다. 왜 성령께서 특정 지역과 교회에 임하실까?

끈질기게 하나님께 굶주리고 목마른 자들을 하나님께서 존귀하게 여기시기 때문이다. 어디든 하나님의 임재를 찾고 환영하는 곳에 하나님의 영광이 나타날 것이다. 다윗이 시편 26편 8절에서 노래로 그것을 표현했다. "여호와여 내가 주께서 계신 집과 주의 영광이 머무는 곳을 사랑하오니." 그리고 시편 96편 6절에서 화답한다.

"존귀와 위엄이 그의 앞에 있으며 능력과 아름다움이 그의 성소에 있도다."

어떻게 성령을 우리의 가정, 소그룹, 교회에 모셔 들일지를 배울 수 있다. 우리가 꾸준히 일관되게 하나님의 임재를 찾을 때, 하나님께서 우리의 모임 중에 하나님의 영광이 거하는 처소를 지으실 것이다. "두세 사람이 내 이름으로 모인 곳에는 나도 그들 중에 있느니라"(마 18:20). 우리가 신자로서 함께 모일 때, 예수님께서 우리와 함께 계시겠다고 말씀하시며, 우리는 하나님의 영광을 담는 그릇과 전달자가 된다.

3. 영광과 어두움

마지막 때의 하나님의 영광에 대한 세 번째 원리이다. **마지막 때에 영광과 어두움이 둘 다 있을 것이다.**

이사야서에서 우리에게 말씀한다.

일어나라 빛을 발하라 이는 네 빛이 이르렀고 여호와의 영광이 네 위에 임하였음이니라 보라 어둠이 땅을 덮을 것이며 캄캄함이 만민을 가리려니와 오직 여호와께서 네 위에 임하실 것이며 그의 영광이 네 위에 나타나리니 나라들은 네 빛으로, 왕들은 비치는 네 광명으로 나아오리라

이사야 60:1-3

이사야는 빛과 어두움이 땅 위에 공존하겠지만, 땅을 덮고 있는 어두움을 하나님의 영광이 침노할 것이라고 예언한다.

오늘날 세상에는 어두움이 있다. 우리의 직장에서 너무나 자주 드러나는 불법적 재정 관행을 볼 때, 그것은 분명하다. 많은 대학교에서 가르치는 인본주의 철학에 어두움이 침투해 있다. 우리 사회에 너무나 흔해진 폭력, 마약, 깊은 절망 속에 어두움이 거하고 있다.

우리는 어둠 속에서 쓰러지는 세상에 하나님의 영광의 빛을 전하라고 명령받았다. 우리는 "진리로 가는 길은 많다"는 말을 자주 듣는다. 그러나 모든 길이 우리를 어둠에서 벗어나 빛 속으로 이끌어주지는 않는다. 예수님께서 요한복음 14장 6절에서 말씀하셨다. "내가 곧 길이요 진리요 생명이니 나로 말미암지 않고는 아버지께로 올 자가 없느니라." 그리스도가 **유일한** 길이시며, 그분을 모르는 자들은 어둠 속에서 살아가고 있다.

파키스탄에 있는 우리의 HIM 사도(보안상 이름은 밝히지 않겠다)는 알카에다 과격 테러리스트들 중에서 현재 가장 큰 추수가 일어나고 있다고 말했다. 그들이 하나님의 백성을 통해 하나님의 영광에 접하면서 지하드(성전) 테러의 어둠에서 나와 그리스도의 빛 안으로 들어가고 있다. 예수님께서 "너희는 세상의 빛이라"(마 5:14)고 예언하셨다. 우리는 하나님의 영광의 전달자로서 어둠이 있는 곳마다 하나님의 빛을 비춘다.

하나님께서는 우리가 "그의 영광을 백성들 가운데에, 그의 기이한 행적을 만민 가운데에 선포"(시 96:3)하기를 바라신다. 우리는 하나님의 영광을 가지고 어둠을 빛으로 바꿀 수 있다. 이사야서 60장 2

절에서 "오직 여호와께서 네 위에 임하실 것이며 그의 영광이 네 위에 나타나리니"라고 우리에게 말씀한다.

극소량의 빛이라도 가장 깊은 어둠보다 강하다. 칠흑같이 어두운 동굴 속이라도 작은 성냥을 켜면 어둠이 사라지는 것을 볼 수 있다. 예수님께서 명령하셨다. "이같이 너희 빛이 사람 앞에 비치게 하여 그들로 너희 착한 행실을 보고 하늘에 계신 너희 아버지께 영광을 돌리게 하라"(마 5:16).

사도행전은 두 사도가 매우 어두운 상황 속에서 한 명의 간수에게 빛을 비춘 멋진 이야기를 들려 준다. 바울과 실라가 옥에 갇혀 하나님께 기도하며 찬양하고 있을 때, 지진이 일어나 감옥을 뒤흔들었다. 갑자기 모든 옥 문이 활짝 열리고, 모든 죄수의 결박이 풀어졌다. 하나님의 영광이 나타나 그들이 기적적으로 해방된 것을 보고 빌립보 간수가 물었다. "선생들이여 내가 어떻게 하여야 구원을 받으리이까"(행 16:30).

그러자 바울과 실라가 대답했다. "주 예수를 믿으라 그리하면 너와 네 집이 구원을 받으리라"(행 16:31). 그렇게 해서 간수와 집안 전체가 빛으로 나아 왔다. "그와 온 집안이 하나님을 믿으므로 크게 기뻐하니라"(행 16:34). 하나님께서는 우리가 하나님의 영광을 교회 담장 밖의 어두운 세상 속으로 가져가기를 원하신다. 빌립보 간수의 경우처럼, 온 집안이 구원받기를 하나님께서 원하신다.

우리가 다른 사람들에게 빛을 전달하면, 주님께서 영광을 나타내실 것이다. 내가 한 번은 어떤 부흥회에 참석했는데, 거기서는 매일 아침 참석자들에게 하나님의 영광을 표적과 기사와 전도로 세상에 사역하는 방법을 가르쳤다. 참석자들은 매일 오후 도시로 들어가서 성령께서 '영광의 기회'를 주시기를 기도하라고 권장받았다. 그중 한 그룹이 점심을 먹으러 식당에 갔다가, 한 가족에게 도움이 필요한 것을 보게 되었다.

가족 중의 한 사람인 어머니가 휠체어에 앉아 있었고, 남편과 아이들이 함께 있었다. 알고 보니, 그 어머니는 척추에 금이 가서 매일을 고통 속에서 보내고 있었다. 그 어머니는 그룹의 기도를 받겠다고 동의했고, 그들이 그렇게 했을 때, 그녀는 즉시 기적적으로 나았다. 결국, 그녀와 온 가족이 현장에서 주님을 영접하는 기도를 했다. 그 가족은 너무 기쁜 나머지 그 날의 일정을 바꾸어, 저녁에 부흥회에 왔다. 그들은 하나님께 영광 돌리기 원했다. 그들의 믿음의 나이는 겨우 두 시간이었다!

예수님께서 제자들에게 명령하셨다. "병든 자를 고치며 죽은 자를 살리며 나병환자를 깨끗하게 하며 귀신을 쫓아내되 너희가 거저 받았으니 거저 주라"(마 10:8). 하나님께서는 우리 주변에서 어둠 속에 살고 있는 자들에게 우리가 하나님의 사랑을 보여 주기를 원하신다. 우리가 사람들 앞에 빛을 비추기를 하나님께서 원하신다. 우리가 예수님의 명령대로 할 때, 우리는 하나님의 영광이 어둠을 침노하는 것을 보게 될 것이다.

4. 땅에 영광이 가득함

마지막 때의 하나님의 영광에 대한 네 번째 원리가 있다. **온 땅에 여호와의 영광이 가득할 것이다.**

성경의 많은 구절들이 이 원리를 예언적으로 선포한다.

> 하나님이여 주는 하늘 위에 높이 들리시며 주의 영광이 온 세계 위에 높아지기를 원하나이다
> 시편 57:5

> 그 영화로운 이름을 영원히 찬송할지어다 온 땅에 그의 영광이 충만할지어다 아멘 아멘
> 시편 72:19

> 서로 불러 이르되 거룩하다 거룩하다 거룩하다 만군의 여호와여 그의 영광이 온 땅에 충만하도다 하더라
> 이사야 6:3

> 그러나 진실로 내가 살아 있는 것과 여호와의 영광이 온 세계에 충만할 것을 두고 맹세하노니
> 민수기 14:21

> 이는 물이 바다를 덮음같이 여호와의 영광을 인정하는 것이 세상에 가득함이니라
> 하박국 2:14

성경은 이 점에 대해 매우 분명하다. 마지막에 우리는 예수님 때

문에 이길 것이다. 요한계시록에서 요한은 하늘에서 선포하는 큰 음성을 듣는다. "세상 나라가 우리 주와 그의 그리스도의 나라가 되어 그가 세세토록 왕 노릇 하시리로다"(계 11:15).

여호와의 영광이 온 땅에 가득할 텐데, 그 일이 일어나려면, 예수 그리스도께서 천년왕국에 재림하실 때까지 기다려야 한다고 나는 생각하지 않는다. 우리가 그 성취를 지금 볼 수 있다고 성경이 가르친다.

예수님께서 물으셨다. "인자가 올 때에 세상에서 믿음을 보겠느냐"(눅 18:8). 나는 하나님을 믿기 원한다. 그리고 나는 이스라엘의 거룩한 분을 제한하지 않을 것이다. 여호와께서 말씀하신다. "내가 내 영을 만민에게 부어 주리니"(욜 2:28, 행 2:17). 나는 주님께서 주신 이 예언적 약속을 주장한다.

예수님께서 친히 말씀하셨다. "이 천국 복음이 모든 민족에게 증언되기 위하여 온 세상에 전파되리니 그제야 끝이 오리라"(마 24:14). 마지막 때에 대한 나의 이해(종말론)는 이 구절과 함께 로마서 11장 26절의 "온 이스라엘이 구원을 받으리라"는 말씀에 근거를 두고 있다. 우리는 표적과 기사가 따르는 복음, 즉 좋은 소식을 열방에 전해야 한다. **그러면** 끝이 올 것이다. 우리는 하나님의 영광이 미래의 어느 때인 천년왕국에 나타날 것이라고만 생각하고 있을 수 없다. 우리는 **지금** 하나님의 영광이 필요하다! 우리는 할 일이 있다. 그것은 하나님의 영광을 열방과 모든 족속에게 전달하는 것이다.

하박국에서 "여호와의 영광을 인정하는 것(knowledge, 지식)이 세상에 가득함이니라"(합 2:14)고 예언한다. 이 본문은 모든 사람이 구원받을 것이라고 말씀하지 않는다. 다만 땅이 하나님의 영광의 **지식**으로 가득할 것이라고 말씀한다. 사람들이 예수님에 대해 알고 그의 영광을 목격할 것이다.

현재 복음을 듣지 못한 35억 명 이상의 인구가 있다. 하나님의 영광은 영혼 추수를 위한 것이다. 그런 이유로 우리는 하나님의 능력과 영광을 나타내는 것을 기반으로, 표적과 기사와 전도를 통해 예수 그리스도의 복음을 나눠야 한다.

5. 재림

마지막 때의 하나님의 영광에 대한 다섯 번째이자 마지막 원리가 있다. **하나님의 충만한 영광이 예수님의 재림 때에 임할 것이다.**

예수님께서 다시 오실 때 충만한 영광 속에 오실 것이다.

> 그 때에 인자의 징조가 하늘에서 보이겠고 그 때에 땅의 모든 족속들이 통곡하며 그들이 인자가 구름을 타고 능력과 큰 영광으로 오는 것을 보리라
>
> 마태복음 24:30

> 인자가 자기 영광으로 모든 천사와 함께 올 때에 자기 영광의 보좌에 앉으리니
>
> 마태복음 25:31

> 그 때에 인자가 구름을 타고 큰 권능과 영광으로 오는 것을 사람들이 보리라
>
> 마가복음 13:26

예수님의 충만한 영광과 함께 심판도 임할 것이다. "인자가 아버지의 영광으로 그 천사들과 함께 오리니 그 때에 각 사람이 행한 대로 갚으리라"(마 16:27).

마지막 때에 두 가지 심판이 있을 것이다.

✱ 구원받지 않은 모든 사람은 대 백보좌 심판에서 심판을 받을 것이다. "모든 민족을 그 앞에 모으고 각각 구분하기를 목자가 양과 염소를 구분하는 것같이 하여 양은 그 오른편에 염소는 왼편에 두리라"(마 25:32-33). 그 심판 날에, 예수님으로 말미암아 구원받은 모든 사람들은 천국에 들어갈 것이고, 나머지 모든 사람들은 그러지 못할 것이다.

✱ 예수님 안에서 거듭난 모든 신자들은 **그리스도의 심판대**에서 심판을 받을 것이다. "이는 우리가 다 반드시 그리스도의 심판대 앞에 나타나게 되어 각각 선악 간에 그 몸으로 행한 것을 따라 받으려 함이라"(고후 5:10). 그리스도인인 우리는 모두 천국에 갈 것이다. 그러나 우리는 다른 상급을 받을 것이며, 그것은 우리의 시간, 돈, 은사, 자원을 청지기로서 어떻게 관리했느냐에 따를 것이다.

재난은 하나님의 심판인가?

나는 대 백보좌 심판과 그리스도의 심판대의 두 심판이 있을 것을 믿는다. 성경에 분명히 나와 있기 때문이다. 그러나 하나님께서 진노하셔서 심판의 일종으로 지진, 쓰나미, 자연재해를 보내신다는 생각에는 동의하지 않는다.

이미 인간의 타락 이후로 땅은 늘 신음해 왔다. "피조물이 다 이제까지 함께 탄식하며 함께 고통을 겪고 있는 것을 우리가 아느니라"(롬 8:22). 인간이 타락했을 때, 자연도 타락했다. 죄는 하나님께서 창조하신 자연 속의 하모니를 파괴했다. 그리고 그 이후로 허리케인, 지진, 쓰나미, 홍수가 있었다.

나는 하나님께서 2008년에 중국의 쓰촨 성에 지진을 보내 중국인들을 심판하셨다고 믿지 않는다. 그때 아기들을 비롯한 무고한 생명들이 숨졌다. 마찬가지로, 나는 하나님께서 미국을 심판하시려고 허리케인 카트리나를 보내시거나, 쌍둥이 빌딩이 테러 공격을 당하게 하셨다고 믿지 않는다. 카트리나로 교회들도 물에 잠겼다. 쌍둥이 빌딩에서 그리스도인들도 죽었다.

물론 하나님의 심판이 있을 것이지만, 우리는 그것이 언제 일어날지 안다. 악인들은 심판 날에 대 백보좌에서 판단을 받을 것이다. 그리고 그리스도인들은 그리스도의 심판대에서 판단을 받을 것이다. 거기서 그들은 땅의 삶에서 행한 대로 상급을 받을 것이며, 모든 신자들은 천국에 들어갈 것이다.

자연재해에 대한 하나님의 태도를 알려면, 예수님의 삶을 보면 된다. 예수님께서 폭풍을 좋아하신 적은 단 한 번도 없었다. 예수님께서는 폭풍을 만나셨을 때, 꾸짖으셨다. "예수께서 잠을 깨사 바람과 물결을 꾸짖으시니 이에 그쳐 잔잔하여지더라"(눅 8:24). 예수님께서는 예수님을 영접하지 않거나, 예수님의 명령에 순종하지 않는 도시에 폭풍을 보내 공격하게 하신 적이 없었다. 오히려 제자들이 그렇게 하고 싶어 했을 때, 꾸짖으셨다.

사마리아인들이 예수님을 대적하자, 야고보와 요한은 하늘에서 불을 내려오게 하여 그들을 멸하고 싶어 했다. 그러나 예수님께서 그들에게 말씀하셨다. "너희는 너희가 어떤 종류의 영으로 그렇게 하는지 모르고 있다"(눅 9:55, NASB).

주님께서는 아무도 멸망치 않기를 바라신다(벧후 3:9 참조). 주님은 어떤 사람의 죽음에도 기뻐하지 않으신다(겔 18:32 참조). 나는 우리가 결렬된 틈을 막아서서, 폭풍을 대적해 기도해야 한다고 믿는다. 예수님께서 그 모범을 보여 주셨다. 강력한 허리케인이 대서양에서 불어와 버지니아 비치 지역을 향해 다가올 때, 팻 로벗슨이 텔레비전에서 꾸짖는 기도를 했던 것을 나는 기억한다. 그러자 마지막 순간에, 허리케인은 방향을 틀어 빠져 나갔다.

하나님께서는 죄를 추가로 벌하실 필요가 없으시다. 이미 죄 자체에 심판이 따른다. 성경은 "죄의 삯은 사망이요"(롬 6:23)라고 말씀한다. 죄는 사망, 억눌림, 질병으로 이어진다. 우리가 죄를 심으면, 그 결과를 거둔다. 그러나 예수님께서는 우리에게 생명을 주려고 오셨다. 예수님께서 말씀하셨다. "내가 온 것은 양으로 생명을 얻게 하고 더 풍성히 얻게 하려는 것이라"(요 10:10).

예수님께서 세상에 오신 것은 세상을 구원하시기 위해서이지, 정죄하기 위해서가 아니다(요 3:17 참조). 예수님께서 다시 오실 때, 충만한 영광 속에 오실 것이고, 그 영광이 온 땅에 가득할 것이다. 그때까지 우리는 하나님의 영광을 점점 더 많이 경험할 수 있고, 하나님의 영광을 세상 속으로 전달할 수 있다. 그리고 그 영광으로 사람들의 삶이 변화되고, 열방이 제자가 될 것이다.

When Heaven Comes Down

14장
하나님께 모든 영광 돌리기

When Heaven Comes Down

이 책에서 우리는 하나님의 나타난 임재의 영광을 살펴보았다. 그것은 하나님의 선하심과 능력을 드러낸다. 우리는 어떻게 하나님의 영광을 받아들이고, 어떻게 영광에서 영광으로 이르며, 어떻게 하나님의 영광의 선한 청지기가 되는지 알아 보았다. 이제 우리가 말해야 할 영광의 마지막 한 측면이 있다. 이 마지막 장에서 그것을 다루고자 한다.

하나님의 영광은 하나님의 영원한 위엄을 계시하며, 사람들을 불러 하나님을 인식하고, 하나님을 나타내고, 하나님을 영화롭게 하게 한다. 하나님께서 영광을 우리에게 계시하실 때, 우리의 책임이 뒤따른다. 그것은 하나님께 영광을 돌려드리는 것이다. 이것이 영광의 마지막 측면이다. 즉 우리는 하나님을 찬양하고 경배함을 통해 하나님께 영광을 드려야 한다.

성경은 우리에게 말씀한다. "그런즉 너희가 먹든지 마시든지 무엇을 하든지 다 하나님의 영광을 위하여 하라"(고전 10:31). 그것은 내 삶과 사역에 대한 핵심 성경구절 중 하나였다.

하나님의 새 피조물인 우리는 찬양과 경배, 생각과 행동, 그리고 삶 전체로 하나님을 영화롭게 하도록 부름받았다. 우리가 하는 모든 것을, 찬양받기 합당하신 하나님을 영화롭게 하기 위해 해야 한다.

시편에서는 하나님께 합당한 찬양을 드리라고 자주 말씀한다.

> 그의 이름의 영광을 찬양하고 영화롭게 찬송할지어다   시편 66:2

> 주여 주께서 지으신 모든 민족이 와서 주의 앞에 경배하며 주의 이름에 영광을 돌리리이다   시편 86:9

> 여호와의 이름에 합당한 영광을 그에게 돌릴지어다 예물을 들고 그의 궁정에 들어갈지어다   시편 96:8

모든 영광은 하나님께 속한다. 그리고 하나님께서는 이런 유형의 영광을 다른 자들과 나눠 갖지 않으신다. 여호와께서 선포하신다.

"나는 여호와이니 이는 내 이름이라 나는 내 영광을 다른 자에게, 내 찬송을 우상에게 주지 아니하리라"(사 42:8).

하나님께서는 우리에게 우상을 숭배하지 말라고 명하신다. 그것은 오늘날 우리에게는 이상하게 들릴지 모른다. 우리는 집에 우상이나 신전을 두지 않는다.

그러나 우상은 우리가 하나님보다 더 초점을 두는 어떤 것이나 어떤 사람이다. 그것은 우리의 직업, 집이나 소유물, 좋아하는 TV 프로그램이나 웹사이트, 심지어 우리의 배우자나 자녀일 수 있다.

우리의 시간, 관심, 자원, 애정을 하나님보다 더 차지하려고 경쟁하는 것은 무엇이든 다 우상이다. 우리의 모든 경배와 찬양은 오직 하나님의 것이다.

모든 영광이 하나님의 것이므로, 우리는 하나님의 영광을 우리가 갖지 말아야 한다. 우리는 시편 115편 1절에 나타난 태도를 가져야 한다. "여호와여 영광을 우리에게 돌리지 마옵소서 우리에게 돌리지 마옵소서 오직 주는 인자하시고 진실하시므로 주의 이름에만 영광을 돌리소서."

하나님만 홀로 피조물의 찬양을 받으시기 합당하시다. 그리고 우리는 하나님이 어떤 분이신가로 인해 하나님께 영광을 드리도록 부름받았다. 그분은 우리의 아버지, 창조자, 해방자, 구원자, 왕이시기 때문이다.

하나님이 어떤 분이신가로 인해 하나님을 예배할 뿐 아니라, 우리는 하나님이 하신 일로 인해 하나님을 찬양해야 한다. 주의 신실하심이 크시기 때문에(렘애 3:23) 우리는 하나님께 감사할 무수한 이유가 있다.

하나님께서 내 마음에 알려 주신 일곱 가지 영역에 초점을 맞추고 싶다.

생명에 대해 하나님께 영광을 돌리라

우리에게 **생명**을 주신 것에 대해 하나님을 찬양해야 한다. 요한계시록 4장 11절에서 말씀한다. "여호와여 영광을 우리에게 돌리지 마옵소서 우리에게 돌리지 마옵소서 오직 주는 인자하시고 진실하시므로 주의 이름에만 영광을 돌리소서."

하나님은 만물을 지으신 분이시요 창조자이시다. 오직 하나님의 뜻으로 우리 각 사람이 이 땅 위에 존재하고, 살고, 호흡한다. 우리 삶의 매 순간을 하나님께서 창조하셨고 우리에게 선물로 주셨다. 우리 각 사람이 하나님의 손으로 놀랍게 창조되고, 형성되고, 지어졌다. 다윗은 그 진리를 계시받았다. "주께서 내 내장을 지으시며 나의 모태에서 나를 만드셨나이다 내가 주께 감사하옴은 나를 지으심이 심히 기묘하심이라 주께서 하시는 일이 기이함을 내 영혼이 잘 아나이다"(시 139:13-14).

우리 모두는 하나님의 뜻 때문에 여기 땅 위에 있다. 세상의 기초가 놓이기 전부터 하나님께서 당신을 아셨고, 당신을 그려보셨고, 당신이 존재하도록 계획하셨다. 다윗은 시편 139편 15-16절에서 이어서 말한다. "내가 은밀한 데서 지음을 받고 땅의 깊은 곳에서 기이하게 지음을 받은 때에 나의 형체가 주의 앞에 숨겨지지 못하였나이다 내 형질이 이루어지기 전에 주의 눈이 보셨으며 나를 위하여 정한 날이 하루도 되기 전에 주의 책에 다 기록이 되었나이다."

우리가 태어나기도 전에 주께서 우리 각자를 위한 구체적 소명을 계획하셨다. 그리고 우리에게 지상의 삶을 주셔서 우리에 대한 하나님의 목적을 성취할 수 있게 하셨다. 또한 우리는 하나님의 형상으로 창조되었다(창 1:26 참조).

성경은 우리에게 말씀한다. "그를 하나님보다 조금 못하게 하시고 영화와 존귀로 관을 씌우셨나이다"(시 8:5). 하나님께서 우리를 하나님 자신보다 조금 낮게 하셨다. 그리고 우리는 예수 그리스도와 함께 하늘의 자리에 앉는다(엡 2:6 참조). 하나님께서 우리에게 놀라운 권위와 존귀를 주셨다. 우리는 그것에 응답해, 우리 삶으로 하나님께 영광을 드려야 한다.

구원에 대해 하나님께 영광을 돌리라

나는 하나님께 감사한다. 나를 어둠의 지배로부터 해방시키셔서, 하나님께서 사랑하시는 아들의 나라로 옮기셨기 때문이다. 우리는 그리스도 예수를 통해 영생을 얻었다. 그가 십자가의 죽음을 통해 우리 각 사람을 사시고 값을 치르셨다.

"곧 우리 구주 홀로 하나이신 하나님께 우리 주 예수 그리스도로 말미암아 영광과 위엄과 권력과 권세가 영원 전부터 이제와 영원토록 있을지어다 아멘"(유 25). 우리 각 사람은 하나님께서 보시기에 무한한 가치가 있다. 그리고 하나님께서 우리 각 사람을 위해 아들의 피로 값을 치르셨다.

내가 예수님을 영접하기 전의 삶을 생각해 볼 때, 나는 깨닫는다. 만일 예수님께서 내 생활을 변화시키지 않으셨다면, 나는 지금쯤 죽었거나 수감되었을지 모른다.

나는 한때 마약 중독자였고 반항하는 삶을 살았다. 그러나 하나님께서 그 사랑과 자비와 은혜 때문에 나를 구원하셨고 변화시키셨다. 정말로 내가 오늘날의 내가 되어 하나님을 섬기고 있는 것은 하나님의 은혜이다(고전 15:10 참조). 나를 구원하시고 나의 구원자가 되어 주신 주님께 감사한다.

또 우리는 하나님께서 우리를 구원하실 뿐 아니라 우리를 성화시키시는 것을 감사할 수 있다. 바울이 말했다. "내가 기도하노라 너희 사랑을 지식과 모든 총명으로 점점 더 풍성하게 하사 너희로 지극히 선한 것을 분별하며 또 진실하여 허물없이 그리스도의 날까지 이르고 예수 그리스도로 말미암아 의의 열매가 가득하여 하나님의 영광과 찬송이 되기를 원하노라"(빌 1:9-11).

바울은 우리 삶 속의 의의 열매로 인해 하나님을 찬양했다. 마찬가지로, 우리도 하나님께서 우리를 축복하사 성령을 주셔서 우리가 거룩해지고 의로워지도록 도와주심을 감사해야 한다. 하나님께서 우리에게 구원의 선물을 주셔서 축복하셨고, 우리에게 내주하시는 성령을 주셔서 우리를 축복하셨다.

가족에 대해 하나님께 영광을 돌리라

성경은 말씀한다. "아내를 얻는 자는 복을 얻고 여호와께 은총을 받는 자니라"(잠 18:22). 아내가 남편을 얻을 때에도 마찬가지이다. 우리는 배우자에 대해 하나님께 감사해야 한다.

또 우리는 부모님에 대해 하나님께 감사해야 한다. 경건한 부모는 주님으로부터 오는 축복이다. 나의 어머니와 할머니는 기도를 통해 나를 하나님 품 안으로 이끄셨다.

그리고 자녀에 대해 하나님께 감사해야 한다. 시편 127편 3절에서 말씀한다. "보라 자식들은 여호와의 기업이요 태의 열매는 그의 상급이로다." 구원 외에, 우리가 하나님께 받는 최고의 선물은 자녀라고 나는 믿는다.

나의 아내 수가 임신한 순간부터 우리는 자녀들을 위해 기도했다. 우리는 구체적으로 세 가지를 기도했다. 그들이 어린 나이에 예수님을 알고, 하나님께서 원하시는 사람과 결혼하고, 하나님 안의 소명을 성취하도록 기도했다. 우리의 모든 기도가 응답되고 있다. 우리가 자녀를 위해 심은 기도가 결실하는 것을 보니 놀랍다. 당신의 자녀가 지금 반항하고 있을 수 있다. 그러나 그들의 구원을 위해 간절히 기도하며, 지금 그들에 대해 하나님께 감사하라.

나는 네 명의 자녀 때문에 "저는 부자예요"라고 하나님께 말씀드릴 수 있다. 예수 그리스도를 사랑하는 자녀를 갖는 것은 하나님께서 주신 유업이고, 하나님으로부터 오는 참으로 놀라운 축복이다.

은총과 축복에 대해 하나님께 영광을 돌리라

하나님은 하나님의 백성에게 은총과 축복을 부으시는 선하신 하나님이시다. 시편 118편 26절에서 우리에게 말씀한다. "여호와의 이름으로 오는 자가 복이 있음이여 우리가 여호와의 집에서 너희를 축복하였도다."

지난해 어느 주일 오전에 나는 교인들에게 물었다. "지난 2년간 직장에서 승진하거나, 어떤 식으로든 하나님의 은총과 축복을 경험한 분들이 얼마나 되는지 손들어 보실래요?" 압도적인 다수가 손을 든 것을 보니, 믿어지지 않을 정도였다. 하나님께서 자녀들을 축복하기 원하신다. 그리고 하나님께서 그렇게 하실 때, 우리가 하나님께 영광과 찬양을 드리는 것이 중요하다.

몇 년 전에 누군가 말하기를, 우리 모두는 '테플론' 그리스도인이 되어야 한다고 했다. 다시 말해서, 모든 영광을 우리에게서 떨어내어 하나님께 돌려 드려야 한다. 우리는 사람의 칭찬이 우리에게 들러붙어 있게 놔둘 수 없다. 우리는 하나님의 은총, 축복, 삶 속의 열린 문에 대해 모든 영광을 하나님께 드려야 한다.

하나님께서 은총과 열린 문을 주실 때 나는 즉시 하나님께 감사하는 법을 배웠다. 한편 사람들이 나를 격려하는 말을 할 때, 나는 "고맙습니다"라고 상냥하게 말하는 법도 배웠다. 많은 그리스도인들은 격려의 말을 들으면 "오, 제가 한 게 아니에요. 주님이 하셨어요"라고 말한다. 그러나 나는 격려해 준 사람에게 감사하는 것이 중요하다고 느낀다. 그리고 나서, 나는 마음속에 주님 앞에 단을 쌓고 말씀드린다. "하나님께 모든 찬양과 영광을 드립니다."

일과 사역에 대해 하나님께 영광을 돌리라

바울은 말한다. "그러므로 내가 그리스도 예수 안에서 하나님의 일에 대하여 자랑하는 것이 있거니와"(롬 15:17). 우리는 하나님을 섬김을 통해 하나님께 영광을 드려야 한다.

성경은 말씀한다. "우리를 나라와 제사장으로 삼으신 그에게 영광과 능력이 세세토록 있기를 원하노라 아멘"(계 1:6). 하나님께서 우리를 왕과 제사장으로 만드셨다. 당신이 왕과 제사장인 것을 아는가? 왕은 지배력과 권위를 가진 사람이고, 제사장은 사역자이다. 우리 교회에서는 모든 성도가 사역자라고 가르친다.

만일 당신이 직업이 있다면, 그것이 당신의 사역이다. 교인의 1퍼센트만이 직업적 전임 사역자이고, 나머지 99퍼센트는 직장에서 일한다. 우리 각자가 거룩한 소명과 임무가 있다는 것을 인식해야 하며, 하나님께서 우리를 두시는 곳이라면 어디든, 거기서 영혼의 추수를 위해 일할 준비가 되어 있어야 한다.

당신은 때로 이렇게 생각하는가? '내가 어떻게 다른 사람들에게 사역할 수 있겠어?' 그렇게 생각한 사람은 당신 혼자만이 아니었다. 모세도 자신이 주님께서 지시하신 것을 할 능력이 있는지 심각하게 의심했다.

모세가 말을 잘 못 하고 이스라엘 백성을 인도할 수 없다고 말하자, 하나님께서 모세를 꾸짖으셨다. "여호와께서 그에게 이르시되 누가 사람의 입을 지었느냐 누가 말 못 하는 자나 못 듣는 자나 눈 밝은 자나 맹인이 되게 하였느냐 나 여호와가 아니냐 이제 가라 내가 네 입과 함께 있어서 할 말을 가르치리라"(출 4:11-12). 우리를 통해 말씀하시는 분은 주님이시다. 우리가 하나님의 뜻에 따라 올바른 위치에 있으면, 하나님께서 우리 각자에게 우리의 소명을 완수하는 데 필요한 은혜를 주실 것이다.

예수님께서 아버지께 말씀하셨다. "아버지께서 내게 하라고 주신 일을 내가 이루어 아버지를 이 세상에서 영화롭게 하였사오니"(요 17:4). 마찬가지로 나도 이 땅 위에서 거룩한 임무를 완수함으로써 경주를 잘 완주하고 싶다(딤후 4:7 참조).

그리스도의 심판대에서 주님께서 우리에게 상급을 주실 텐데, 그것은 우리가 우리의 삶으로 성취한 것에 따를 것이다(고후 5:10 참조). 당신의 직업이나 사역이 무엇이든, 하나님의 영광을 위해 그것에 탁월하라.

부흥에 대해 하나님께 영광을 돌리라

예수 그리스도를 우리의 마음에 영접할 때 하나님의 영광이 우리에게 내주하신다. 한편, 하나님께서 나타난 임재를 부으실 때 임하는 영광을 **부흥**이라고 한다. 우리가 구원에 대해 하나님께 감사해야 하듯이, 부흥에 대해서도 하나님께 감사해야 한다.

나는 1973년 3월에 그리스도인이 되었다. 그때 나는 지저스 피플 운동에 속해 있었다. 그 후 1980년대에 존 윔버와 함께했던 부흥을 보았을 때, 나는 뛰어들어야 했지만, 그러지 못했다. 그러나 1994년에 토론토에 성령이 임했을 때는 하나님께 갈급해서 즉시 뛰어들었다. 각 물결이 일어날 때마다, 나는 나 자신과 교회 모두에 엄청난 변화와 기적들이 일어나는 것을 보았다. 부흥 때마다 창조적 기적들이 점점 더 풍성해졌다.

부흥은 하나님의 자비와 은혜의 홍수를 가져온다. 또한 하나님의 깊은 임재와 선하심과 능력을 또 다른 수준으로 가져온다. 우리는 하나님의 능력을 교회 담장 밖의 일터, 도시, 땅 위의 열방으로 가져가야 한다. 우리는 하나님께서 부으시는 매번의 성령의 물결에 대해 감사해야 한다.

# 모든 것을 하나님의 영광을 위해 하라

마지막으로 무엇을 하든지 다 하나님의 영광을 위해 하라(고전 10:31 참조). 우리는 모든 것을 하나님의 영광을 위해 해야 한다. 정말로, 우리의 몸과 혼과 영을 통해 하나님의 이름에 영광을 돌리도록 살아야 한다.

우리들 중 어떤 사람들에게 몸으로 하나님을 영화롭게 한다는 것은 양질의 음식을 먹고 더 자주 운동하는 것일 수 있다. 다른 사람들에게 혼으로 하나님을 영화롭게 한다는 것은 내적 치유를 구하거나, 중독으로부터의 해방을 구하거나, 다른 종류의 고질적 문제로부터의 해방을 구하는 것일 수 있다. 아직 구원을 받지 않은 사람들의 경우에는, 구원의 선물을 받아들이고 하나님께 마음과 삶을 드릴 때, 하나님께서 영광 받으신다.

당신이 누구의 형상으로 만들어졌는지 아는가? 성경은 우리가 하나님의 형상으로 만들어졌다고 말씀한다(창 1:26 참조). 그런 이유로, 우리는 마음과 삶을 하나님께 바치고, 하나님께 영광 돌리기 위해 헌신해야 한다. 우리는 값으로 산 바 되었으므로 우리의 삶은 우리 자신의 것이 아니다(고전 6:19-20 참조). 그러므로 하나님께서 우리에게 주신 삶을 신실하고 지혜롭게 사용하는 청지기가 되어야 한다.

이 원리가 마태복음 22장에 설명된다. 바리새인들이 예수님을 책잡으려고 질문했다. "가이사에게 세금을 바치는 것이 옳으니이까 옳지 아니하니이까 하니." 예수님께서는 그들이 예수님을 궁지에 몰려고 그런 질문을 만들어냈다는 것을 아셨다. 만일 예수님이 옳다고 하면, 바리새인들은 예수님이 로마인들 편이라고 유대인들에게 말할 수 있었다. 만일 예수님이 아니라고 하면, 바리새인들은 로마인들에게 예수님이 로마 당국에 반역한다고 말할 수 있었다. 어느 쪽으로든 그들은 예수님을 모함할 수 있었고, 사람들이 예수님을 대적하게 만들 수 있었다.

예수님께서는 예수님을 함정에 빠뜨리려는 그들의 시도를 이용해 오히려 이것을 설명하셨다. 우리가 하나님의 형상으로 창조되었다는 것은 우리가 하나님의 것이고 우리 삶 전부를 하나님께 드려야 함을 의미한다. 무한히 지혜로우신 예수님께서는 바리새인들에게 세금을 낼 때 쓰는 동전을 보여 달라고 하시고 질문하셨다. "이 형상과 이 글이 누구의 것이냐"(마 22:20).

바리새인들은 대답했다. "가이사의 것이니이다."

예수님께서 그들에게 말씀하셨다. "가이사의 것은 가이사에게, 하나님의 것은 하나님께 바치라"(마 22:21). 예수님께서 말씀하신 간단한 원리는 심오한 함축의미를 갖는다. 바리새인들이 외모에 몰두하며, 자신의 지위와 위신을 지키는 데 급급하다는 것을 예수님께서 아셨다. 그들은 하나님을 입으로 섬겼지만, 마음은 다른 데 있었다. 그들은 하나님의 것을 하나님께 드리고 있지 않았다. 그들은 헌신된 예배의 흉내를 내며, 성전의 직무를 행하고 하나님의 청지기가 된 모양을 갖췄지만, 그들의 삶의 중심 목적은 하나님께 영광과 찬양을 돌리는 것이 아니었다. 예수님께서는 한 문장으로 그들의 부담스러운 질문을 능숙하게 다루셨을 뿐 아니라, 바리새인들의 마음의 상태를 드러내심으로써 그들에게 도전을 주셨다!

하나님께서 우리 삶 전부를 하나님의 영광을 위해 드리라고 우리를 부르신다. 우리가 하나님을 영화롭게 할 때, 최고의 보람과 기쁨을 얻는다는 것을 아시기 때문이다. 주님께서는 하나님을 찬양하라고 우리를 부르실 뿐 아니라, 우리가 그렇게 할 때 우리를 영화롭게 하고 축복하신다. 그리고 하나님의 영광을 우리와 나누셔서, 우리가 그것을 누리고, 그 영광을 반영해 드러내서 다시 하나님께로 돌려드리게 하신다(요 17:22 참조). 우리가 하나님을 영화롭게 할 때, 우리는 더욱 영광스러워진다. 그리고 우리가 더 영광스러워질수록, 우리는 우리의 전 존재로 하나님을 더 영화롭게 할 수 있다.

다윗은 노래했다. "나와 함께 여호와를 광대하시다 하며 함께 그의 이름을 높이세…그들이 주를 앙망하고 광채를 내었으니 그들의 얼굴은 부끄럽지 아니하리로다"(시 34:3, 5).

우리가 하나님을 예배하고 하나님의 이름을 영화롭게 할 때, 하나님의 영광이 우리 위에 임해서 우리를 그리스도의 형상으로 변화시킨다. 그 과정은 온 땅과 하늘에 하나님의 영광이 가득한 마지막 날까지 계속될 것이다. 그날까지 하나님의 충만한 영광을 받아서, 세상의 빛으로서 하나님의 영광을 어둠 가운데 비추어, 궁극적으로 당신이 하는 모든 것을 통해 하나님께 영광 드리기를 기도한다.

미주

1장 영광이란 무엇인가?

1 Kris Vallotton, *Developing a Supernatural Lifestyle: A Practical Guide to a Life of Signs, Wonders and Miracles* (Shippensburg, Pa.: Destiny Image, 2007), 205.

2장 영광은 하나님의 나타난 임재이다

1 John Arnott, *The Father's Blessing* (Lake Mary, Fla.: Charisma House, 1995). John Arnott, *Experience the Blessing: Testimonies from Toronto* (Ventura, Calif.: Renew Books, 2001).

3장 영광은 하나님의 선하심의 계시이다

1 로버트 루이스, 웨인 코데이로, **인사이드 아웃 교회 개혁 이야기** (국제제자훈련원, 2008), 원서 1-2쪽.

4장 영광은 하나님의 부활의 능력이다

1 이것을 비롯한 많은 치유의 기적들, 부활들, 창조적 표적과 기사들이 제인 럼프의 저서에 철저히 조사되어 기록되었다. *Signs and Wonders in America Today: Amazing Accounts of God's Power* (Ann Arbor, Mich.: Servant Publications, 2003).

8장 하나님의 영광을 더 받으려면

1 Fred and Sharon Wright, *The World's Greatest Revivals* (Shippensburg, Pa.: Destiny Image, 2007), 161-162.

10장 하나님의 영광과 사도직

1 Arthur Wallis, *In the Day of Thy Power* (Christian Literature Crusade, 1956), 10.
2 피터 와그너, *DOMINION*(도미니언) (WLI KOREA, 2007).
3 크리스 밸러턴, 빌 존슨, **왕의 자녀의 초자연적인 삶** (순전한 나드, 2008), 원서 137-138쪽.
4 같은 책.

11장 하나님의 영광과 변화

1 Meaghan S. McCormick, "대각성 운동이 코네티컷 리버 밸리 지역과 종교에 미친 영향", http://www.longmeadow.org/hist_soc/awakening.htm
2 Barbara Cross, "William Wilberforce 1759-1833", www.britannica.com/bios/wilberforce.html.
3 Ken Curtis, Ph.D., Joe Thomas, Ph.D., Tracey L. Craig, and Ann T. Snyder, "노예제도에 대한 투쟁 및 우리가 얻는 교훈", Christian History Institute, http://www.christianhistorytimeline.com/GLIMPSEF/Glimpses2/glimpses200.html.
4 "제2차 대각성 운동", Christian History Institute, http://www.christianhistorytimeline.com/GLIMPSEF/Glimpses/glmps040.shtml.
5 "건초더미 부흥: 묵상 자료, 서론, 배경", http://www.students.org/prayer/Haystack%20Awakening%202006.pdf.

6 Barry Manuel, "펜사콜라 기름 부음: 90년대를 위한 아버지의 축복", John Mark Ministries, http://www.jmm.aaa.net.au/articles/8955.htm

7 J. Gilchrist Lawson, "찰스 피니: 간단한 전기", 출처 *Deeper Experiences of Famous Christians*, http://www.CharlesGFinney.com/lawsonbio.htm.

8 S. J. Hill, "불 붙은 심령", 출처 *Personal Revival*, http://www.fathersglory.com/media/Personal_Revival-Chapter_One-Hill.pdf.

9 James Autry, "일곱 산의 이해", http://www.restoreamerica.org/pdf/Understanding%20the%20Seven%20Mountains.pdf.

12장 하나님의 영광과 부의 이동

1 "사회자 약력: 팻 로벗슨", The 700 Club, http://www.cbn.com/700club/showinfo/staff/patrobertson.aspx

2 "구세군이 15억 달러의 기부를 받다", MSNBC, http://www.msnbc.msn.com/id/4006823/.

3 Suzanne Woodley, Bremen Leak, and Danna Cook, "최대 기부자들", *Business Week*, November 27, 2006.

4 "에이브러햄 알렉스 타누스푸트라와의 인터뷰", *United World*, December 20, 2004.

5 "그리스도에 의해 변화됨: 월드와이드 하나님의 교회의 간단한 역사", *Worldwide Church of God*, July 7, 2008.

영광에서 영광으로

지은이 체 안
펴낸이 김혜자
옮긴이 김주성

1판 1쇄 인쇄 2009년 11월 23일 | **1판 1쇄 펴냄** 2009년 11월 27일

등록번호 제16-2825호 | **등록일자** 2002년 10월
발행처 쉐키나 출판사 | **주소** 서울시 강남구 대치3동 982-10
전화 (02) 3452-0442 | **팩스** (02) 3452-4744
www.ydfc.com
www.shekinahmall.com

값 12,000원
ISBN 978-89-92358-40-8 03230

※잘못된 책은 바꿔 드립니다.

쉐키나 미디어는 영적 부흥과 영혼의 추수를 위해 책, CD, TAPE, 영상물 등의 매체를 통해
하나님 나라가 7대 영역(종교·가정·교육·정부·미디어·예술·사업)으로
확장되는 비전으로 나아가고 있습니다.

Shekinah

쉐키나 출판 도서 안내

서울시 강남구 대치 2동 982-10 쉐키나기획
02-3452-0442

Shekinah

초자연적 삶을 살라
신디 제이콥스 지음 | 편집부 옮김 | 216면 | 값 9,000원

베스트셀러 저자 신디 제이콥스의 이 책은 성령세례를 갈망하는 새신자뿐만 아니라 목회자에 이르기까지 더욱 강렬한 성령의 역사를 갈망하는 모든 사람들에게 유익하다. 자신의 성령세례의 체험에서부터 성령님의 기름부으심으로 사역했던 많은 사역자들의 예화를 통해 성령님을 향한 우리의 열정을 더욱 불러일으키고 있다. 하나님께서 허락하신 하늘과 땅의 모든 권세, 초자연적 성령의 역사하심이 가장 자연스러운 삶! 초자연적 삶으로의 초대이다.

부흥의 우물을 파라
루 엥글 & 캐서린 페인 지음 | 김영우 옮김 | 304면 | 값 12,000원

이 책에 나타난 루 엥글의 열정은 당신의 마음에 부흥을 가져올 영적 유산을 다시 찾기 위해 하나님께 나아가도록 동기를 부여할 것이다. 우리의 역사 안에 우리의 희망이 있다. 이 책은 영적 유산에 우리의 관심을 돌리게 한다. 20세기 초의 아주사(Azusa) 거리 부흥운동에서부터 토론토, 볼티모어, 그리고 21세기에 들어갈 무렵의 브라운스빌에 이르기까지 루 엥글은 과거의 일이 현재에도 일어날 수 있다는 것, 즉 과거에 물이 마음껏 흐르던 곳에서 오늘날 다시 샘이 솟아날 수도 있다는 사실을 우리에게 상기시켜 준다.

신사도적 교회로의 변화
피터 와그너 지음 | 김영우 옮김 | 238면 | 값 9,800원

제2의 사도적 종교개혁 시대를 맞이해 교회가 이 땅에 하나님 나라를 이루는 데 당신이 어떻게 기여할 수 있는가를 정확히 보여 주고 있다. 교회의 혁명적 개혁을 다룬 이 책은 바로 이 시대에 성령의 능력으로 일어나고 있는 흥미진진한 일들을 조명해 주고 있다. 하나님의 뜻이 이 땅에서 이루어지기 위해 우리는 하나님의 의도를 알고 그것을 성취하기 위해 함께 일해야 한다. 역사를 만드는 자가 되자. 그리고 근본적인 변화를 위한 하나님의 부르심에 응답하자!

당신의 자녀를 영적 챔피언으로 훈련시켜라
조지 바나 지음 | 차동재 옮김 | 214면 | 값 8,500원

어린이의 도덕적 성장이 아홉 살 이전에 완성된다. 그러므로 가능한 한 아주 어릴 때부터 적대적인 세상 사고와 가르침의 공세로부터 그들을 보호할 성경적 세계관을 전해 줄 수 있어야 한다. 교회는 부모에게 아이들을 하나님의 사람으로 양육하는 데 필요한 정보와 유익한 상담을 제공해야 한다. 지금은 부모를 무장시켜 아이들을 '영적 챔피언'으로 길러야 할 때다!

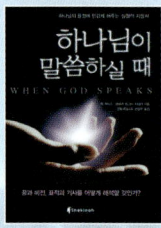

하나님이 말씀하실 때
척 피어스 & 레베카 와그너 시세마 지음 | 214면 | 값 9,000원

하나님의 말씀을 경청하는 법, 꿈과 비전을 해석하는 법, 그리고 우리가 이해한 것을 실천함으로써 궁극적으로 하나님이 주신 비전을 어떻게 실천할 수 있는지를 보여 준다. 우리는 하나님의 음성을 인식하는 것을 배워야 한다. 그렇게 함으로써 우리의 삶을 향하신 하나님의 뜻을 이해할 수 있다. 구별된 하나님의 음성이 현실이 될 때까지, 우리가 하나님의 음성에 따라 행동하는 것은 성공적인 크리스천의 삶을 사는 열쇠이다.

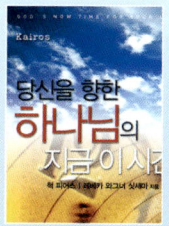

당신을 향한 하나님의 지금 이 시간
척 피어스 & 레베카 와그너 공저 | 권지영 옮김 | 224면 | 값 9,000원

하나님께서 당신을 어머니의 태 속에 만드셨을 때 그분은 당신의 삶을 위한 분명한 목적과 시간을 가지고 계셨다. 하나님은 모든 사람들의 인생을 위해 놀라운 소명을 가지고 계시지만 많은 그리스도인들은 하나님이 그들을 위해 가지고 계신 모든 것을 다 깨닫지도 못한 채 죽음을 맞이한다. 그 이유는 무엇인가? 이 책을 통해 당신의 잠재적인 가능성에 도달할 수 있는 역동적이고 생명을 주는 해답을 찾게 될 것이다.

중보기도 이렇게 하라
더치 쉬츠 지음 | 고병현 옮김 | 212면 | 값 9,800원

중보기도는 어떤 것인가? 쉬운 것 같으면서도 어려운 중보기도. 과연 중보기도는 어떤 것이며 어떻게 시작해 나가야 하는 것인지를 상세하게 표현해 주고 있다.
중보기도의 첫 시작은 하나님과의 관계에 있다. 우리는 하나님과의 사랑의 관계에 초대되었다. 우리가 기도하는 동기는 관계, 즉 하나님과의 소통에 있어야만 한다. 예수님과의 순수하고 명료한 관계 안에서 시작하는 것이 중보기도의 우선순위이다. 중보에는 만남이 있으며 위험으로부터 보호하는 능력이 있으며, 인내하는 아픔과 적을 향한 공격과 선포가 있으며 또한 기쁨이 있다.

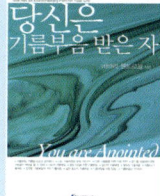

당신은 기름부음 받은 자
바바라 웬트로블 지음 | 권지영 옮김 | 248면 | 값 9,800원

많은 믿는 자들이 기름부음에 대해 이야기하지만 기름부음이 무엇이고 어떻게 작용하는지에 대해서는 거의 이해하지 못한다. 이 책은 그것에 대해 다룬 실질적인 지침서이다. 하나님께서는 어떤 목적을 위해 모든 그리스도인들에게 기름부음을 주셨다. 당신의 기름부음은 무엇인가? 어떻게 기름부음을 나타낼 수 있는가? 당신이 기름부음으로 움직이기 시작할 때 어떤 일이 일어나는가?
이 책을 통해 당신의 삶을 향한 하나님의 특별한 목적이 무엇인지 찾으라! 당신이 성공할 수 있도록 하나님께서 어떻게 준비시켜 주셨는지 알아보라!

축복된 삶
로버트 모리스 지음 | 김영우 옮김 | 272면 | 값 11,000원

축복을 받는다는 것은 초자연적 능력이 당신을 위해 역사한다는 뜻이다. 축복을 받은 사람의 하루 하루는 하나님이 허락하신 우연과 하늘에 속한 의미 있는 일들로 가득 차 있다. 하나님은 당신이 드리는 것을 필요로 하시는 분이 아니다. 다만 당신이 축복을 받아야 할 필요가 있다. 드림으로써 받는 축복이 얼마나 대단한 것인지, 그리고 청지기로서의 삶이 어떠한 모습인지 볼 수 있을 것이다. 하나님과의 바른 관계를 먼저 세움으로써 나누어 주고, 드리는 풍성한 삶, 넉넉한 삶으로 나아가는 길을 제시해 준다. 당신은 곧 축복된 삶을 사는 방법을 발견하게 될 것이다.

하나님을 들으라
짐 골 지음 | 권지영 옮김 | 190면 | 값 10,000원

우리 모두는 하나님의 음성을 들을 수 있고 하나님께 말할 수 있다! 개인적으로 하나님의 음성을 듣지 못하도록 막고 있는 장애물을 극복하는 법을 알려 주고, 하나님으로부터 오지 않은 말씀으로 인해 잘못된 길로 빠지지 않도록 피할 수 있는 방법을 가르쳐 준다. 귀를 열어 주고 마음을 열어 주는 짐 골 목사의 책은 쉬운 문제와 함께 자기 자신의 여정에서 겪은 재미있는 이야기들로 우리를 하나님의 마음에 더 가까워지도록 인도해 주는 원리를 매우 쉽고 분명하게 설명해 준다.

Shekinah

긍휼의 리더십
테드 엥스트롬 & 폴 세더 지음 | 메리앤 이 | 208면 | 값 9,800원

'너희 중에 누구든지 으뜸이 되고자 하는 자는 너희 종이 되어야 하리라'
이 책은 긍휼의 종으로서 사람을 인도하신 예수님을 따르려는 모든 기독교 지도자들에게 큰 도전이 되는 내용을 담고 있다. "너희 중에 누구든지 으뜸이 되고자 하는 자는 너희 종이 되어야 하리라." 이 말씀으로 예수님은 긍휼의 리더십의 본을 보여 주신다. 현대에 사는 우리가 이 말씀을 마음에 새긴다면, 리더십 스타일이나 모델, 방법에 대한 우리의 생각이 바뀌게 될 것이다.

엘리야 혁명
짐 골 & 루 엥글 지음 | 권지영 옮김 | 256면 | 값 12,000원

오늘날 전 세계에서는 역사상 유례가 없던 새로운 차원의 거룩한 혁명이 진행되고 있다. 끊임없는 영적 도덕적 타락에 직면한 수천의 믿는 자들이 그리스도께 완전하고 극단적으로 자신을 내어드리는 거룩한 삶으로의 부르심에 반응하고 있다. 그들은 하나님을 향한 불타는 열정을 가지고, 점점 세속화되는 문화의 가치들과 삶의 방식을 타협하기를 거부하며 그리스도의 편에 서서 단호하게 맞서고 있다.
이 책은 이전과는 다른 극단적인 거룩함과 그리스도를 향한 헌신의 삶으로 당신을 도전케 할 것이다.

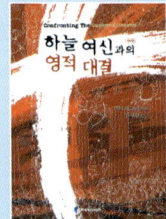

하늘 여신과의 영적 대결
피터 와그너 지음 | 권지영 옮김 | 79면 | 값 4,800원

사탄의 위계에서 높은 서열을 차지하고 있는 정사는 오랜 세월 동안 수많은 잃어버린 영혼들의 눈을 가리워 왔다. 이 책에서 피터 와그너 박사는 하늘 여신이 과거에 자신의 목적을 어떻게 이루어 왔는지 그리고 오늘날 어떻게 자기 자신을 드러내고 있는지를 살펴보고 있다. 하나님은 우리에게 하늘 여신과 대결하라는 명령을 주셨다. 이 작은 책은 처음에 이 명령을 어떻게 받게 되었는지 그리고 하나님께서는 그분의 군대가 어떻게 전쟁으로 들어가기를 기대하고 계시는지를 보여 준다.

교회의 미래전쟁
척 피어스 & 레베카 와그너 시세마 지음 | 메리앤 이 옮김 | 432면 | 값 14,000원

앞으로 교회가 충돌하게 될 미래의 상황을 예언하는 책이다. 그러나 이것은 단순한 예언서가 아니다. 이 책은 우리가 보고 있는 교회의 통치 질서의 변화와 마틴 루터나 존 캘빈 시대에 경험했던 것보다 더 엄청난 권세에 대해 계시해 주고 있다. 저자는 하나님의 군대가 교회의 미래전쟁에서 어떻게 하면 승리로 나아갈 수 있는지를 보여 주며, 실질적인 전략지침을 우리에게 주고 있다. 우리에게 경종을 울려 줄 뿐만 아니라 어떻게 하면 원수를 이길 수 있는지에 대한 구체적인 방법까지 제시하고 있다.

기도의 용사가 돼라
엘리자베스 알베스 지음 | 김주성 옮김 | 304면 | 값 11,000원

기도가 우리의 삶에 큰 비중을 차지하고 있음을 우리 모두는 잘 알고 있다. 그러나 소수의 사람들만이 기도에 숙련되어 있다고 느낀다. 우리는 열정적이고 능력있는 기도를 어떻게 해야 하는지에 대한 실제적이면서도 명확한 지침서로부터 유익을 얻고자 한다. 중보기도를 시작하는 사람에서부터 능숙한 중보기도자에 이르기까지 모든 사람들에게,
이 책은 기도의 본질적이고 능력 있는 온전한 지침서가 될 것이다.

사도와 선지자
피터 와그너 지음 | 임수산 옮김 | 224면 | 값 11,000원

예수님께서는 자기 자신을 교회의 모퉁이돌로 나타내셨다. 그분은 직접 자신의 교회를 세우셨고, 지금도 세우고 계시되 성령의 능력을 받은 자들인 사도와 선지자들을 통해 그 일을 하고 계신다.
〈교회의 지각변동〉을 저술했으며 동시에 신 사도적 개혁을 이끌고 있는 저자는 교회 안의 중대한 역할로 사람들이 어떻게 부름받게 되는지에 대한 새로운 통찰력을 제공하고 있다.

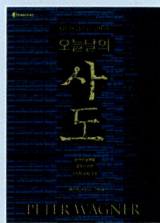

오늘날의 사도
피터 와그너 지음 | 박선규 옮김 | 240면 | 값 11,000원

사도적 영역에서 우리 세대의 가장 위대한 권위자라 할 수 있는 피터 와그너는 이 주제들에 관하여 수년 동안 글을 써왔다. 〈오늘날의 사도〉는 1990년대에 시작해 지금까지 지속되고 있는 신 사도적 개혁의 진보에 대해 조명해 준다. 하나님의 뜻이 이 땅에 이루어지는 것을 볼 수 있기 위해, 사도들에게 하나님과의 관계 속에서 올바른 위치를 차지하라고 외치고 있다. 건강한 교회들과 일터와 도시와 각 나라들에서 사도의 역할이 무엇인지에 대해 신선한 비전을 제시해 준다.

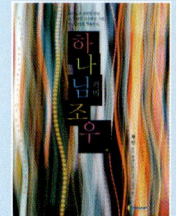

하나님과의 조우
체 안 & 린다 M 래드포드 지음 | 김현경 옮김 | 288면 | 값 13,000원 | 포켓판 | 352면 | 값 9,500원

당신은 무언가를 더 원하고 있는가? 인생에서 더 얻고자 하는 것이 있는가? 교회에 대해 더 바라는 바가 있는가? 아직 채워지지 않은 공허감을 충족하길 원하는가? 〈하나님과의 조우〉는 종교적인 책이 아니다. 당신의 삶을 변화시킬 진정한 만남을 소개하는 책이다. 당신이 인생에서 진리와 의미를 찾기 원한다면 그리고 인생의 목적을 찾기 원한다면 이 책을 읽어 보라. 초자연적 실존이신 하나님을 만나게 될 것이다. 현실 보다 더 현실적인 세계에 온 것을 환영한다.

하나님과 꿈꾸기
빌 존슨 지음 | 조앤 윤 옮김 | 264면 | 값 13,000원

이 책의 저자 빌 존슨은 당신의 가정과 사회, 직장 혹은 사업, 나라와 세계를 변혁시키시기 위해 필요한 모든 것에 제한이 없는 하나님의 공급함을 사용하는 비밀을 보여 준다. 당신의 세계에는 당신의 특별한 터치를 필요로 하는 곳이 있다.
● 당신의 자녀의 학교교실, 당신의 직장동료, 당신의 이웃의 마음. 당신의 세계에는 당신의 영감을 필요로 하는 사람들이 있다. ● 당신이 사는 지역의 가난한 사람들, 당신이 사는 지역의 정치가, 당신의 국가 지도자들.
하나님께서는 당신에게 더 나은 세상을 창조할 수 있는 백지수표를 주셨다.

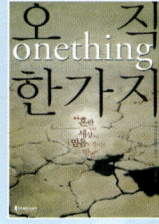

오직 한 가지
척 피어스 & 파멜라 피어스 지음 | 김현경 옮김 | 248면 | 값 12,000원

불확실한 미래를 바라보며 엘리야는 예수님과 같은 행동을 취했다. 그는 잠잠하고 조용한 가운데 하나님의 음성을 들을 수 있었다. 〈오직 한 가지〉는 주님의 음성을 듣기 위해 잠잠한 가운데 머물 수 있도록 매 순간 우리의 영혼을 소성케 할 것이다. 믿음의 도전과 삶의 실질적인 원리들로 가득한 이 책은 당신에게 새로운 힘을 불어 넣어 하나님께서 특별하게 계획하신 사명을 완수하기 위해 세상 속으로 힘차게 걸어 들어갈 수 있도록 격려할 것이다. 잠잠히 들어 보라. 지금 주님께서 말씀하고 계시지 않은가?

Shekinah

영적 전쟁 이렇게 하라
닐 앤더슨 & 티모시 워너 지음 | 진희경 옮김 | 232면 | 값 10,000원

모든 영적 전쟁은 우리의 생각 속에서 일어난다. 우리가 믿는 것이 승리를 취하는 단계를 좌우한다. 새신자든지 오랫동안 크리스천으로 살아 왔든지 간에 대적의 능력에 맞서 매일매일 더 큰 승리의 자리로 나아가야 한다. 영적 전쟁의 기초 훈련에 있어서 탁월한 매뉴얼이다.
다음 단계의 전투로 나아가기 전에 꼭 읽어야 한다.

성령을 이렇게 받으라
퀸 세러 & 루산 갈록 지음 | 장택수 옮김 | 224면 | 값 10,000원

나는 성령으로 충만한가? 성령이 없다면 예수님이 약속하신 풍성한 삶을 살아갈 수 없다. 이 책은 당신의 신앙생활을 더욱 풍성하게 하는 첫걸음이 될 것이다.
성령을 어떻게 경험할 수 있을까? 방언은 반드시 해야 하는가? 도대체 성령은 누구인가? 퀸 세러와 루산 갈록은 성경과 경험담과 역사적 배경을 근거로 우리가 성령 받기를 바라시는 하나님의 갈망을 설명한다. 그리고 영적인 활력을 유지하는 실제적인 조언도 전한다.

열방을 치유하라
존 로렌 샌포드 지음 | 임종원 옮김 | 416면 | 값 14,000원

어떻게 상처 입은 세상에 희망과 치유를 가져올 수 있는가?
베스트셀러 저자 존 로렌 샌포드는 하나님의 사람들이 가정, 지역사회(공동체), 나라, 세계에서 커다란 차이를 만들어낼 수 있다고 믿는다. 어떻게 그렇게 할 수 있겠는가? 샌포드는 기꺼이 자기 자신의 문제를 뛰어넘어 상처 입은 사람들을 끌어안으려는 성숙한 하나님의 아들과 딸들이 필요하다고 말한다. 우리는 모두 학대, 민족에 대한 증오심, 또한 인종 청소의 고통을 비롯한 온갖 상처를 치유하기 위해 하나님께서 사용하시는, 기꺼이 서로 짐을 나누어 지는 중보기도자가 될 수 있다.

하나님의 현저한 임재
단 노리 지음 | 고병현 옮김 | 224면 | 값 10,000원

하나님의 현저한 임재는 :
● 하나님과 영원히 친밀함을 누리는 것이다. ● 다가올 폭풍우로부터의 피난처이다.
● 하나님의 만지심을 받는 진정한 예배다. ● 솔로몬의 성전에 계시된 하나님의 충만함이다. ● 매일 지속적인 기적을 체험하는 것이다.
우리가 하나님의 충만함을 누리고 다가올 환난 날들 가운데 보호를 받으려면 그 임재가 필요하다. 여기 그 임재 안으로 들어갈 수 있는 방법들이 있다.

스미스 위글스워즈의 기도, 능력 그리고 기적들
로버트 리아돈 엮음 | 고병현 옮김 | 352면 | 값 13,000원

이 책은 전 세계적인 복음 사역자이자 치유사역자로 알려진, 스미스 위글스워즈의 강력한 설교들을 모은 책이다. 1915년에서부터 1944년까지 있었던, 믿음에 근거한 도전적인 설교들과 놀라운 치유사역에 대한 영감 있는 이야기들을 상세히 저술한 것이다. 그 결과 스미스 위글스워즈의 가르침, 성령의 권능 안에서 흔들림 없는 그의 믿음을 통한 복음, 또 그 복음에 대한 생생한 사랑을 표현하는 것 등의 고전 모음집이 탄생하게 되었다.

축사와 치유 1
피터 호로빈 지음 | 박선규 옮김 | 408면 | 값 14,000원

제자들에게 귀신을 쫓아내라고 하신 예수님의 분부가 지상명령의 중대한 부분이 었는가? 그렇다면, 교회는 왜 치유와 축사에 대해 거의 가르치지 않고 있는가?
깊은 성경적 가르침을 통해 축사 사역이 지상명령의 필수적인 부분이었다는 것을 효과적으로 실증해 보인다. 1권은 축사와 치유 사역을 위한 성경적 토대를 깔아 준다. 호로빈은 예수님과 초대교회 사역을 상세히 분석하며, 천사와 귀신들의 초자연적인 영역을 살펴보고, 또한 어둠의 세력들이 어떻게 사람들의 삶에 영향을 미치는지를 탐구한다.

축사와 치유 2
피터 호로빈 지음 | 박선규 옮김 | 472면 | 값 14,000원

예수님은 모든 형태의 치유를 행하셨고, 십자가를 통해 교회가 그분이 행하셨던 치유와 축사 사역을 이어갈 수 있게 해놓으셨다. 피터 호로빈은 예수님의 시대뿐만 아니라 오늘날에도 지상명령을 성취하기 위해 절대적으로 필요한 사역이라는 것을 확증해 주고 있다. 2권은 지역교회 안에서와 상담 사역 안에서 치유와 축사 사역을 세워 나가기 위한 지침들과 도구들을 제공해 준다. 호로빈은 권위 있고 성경에 기초한 이 안내서를 통해 귀신들의 통로들을 밝히며, 사람들이 어떻게 귀신들에 의해 영향을 입고 그들이 어떻게 자유롭게 될 수 있는지에 대해 설명하고 있다.

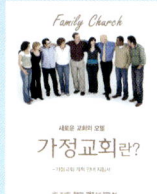

새로운 교회의 모델 가정교회란?
래리 크라이더·플로이드 맥클렁 공저 | 유정자 옮김 | 296면 | 값 11,000원

교회를 개척하는 새로운 방식이 있다. 성장하고 있는 가정교회 배가 운동이 전통적인 교회를 통해서는 할 수 없는 방식으로 공동체와 단순성을 제공해 주면서 그들의 공동체의 필요들을 채워 주기 위해서 모든 지역에 있는 기독교인들에게 소망을 주고 있다.
● 직접 가정교회를 개척하는 방법 ● 가정교회를 개척하고 인도하는 이를 위한 실제적 최고의 모델들 ● 소그룹과 셀그룹과 가정교회의 차이점 ● 현재와 미래의 가정교회 배가 운동의 동향 ● 전통적인 지역교회가 대형교회와 동역하는 방법

하나님과 함께 여는 하루❶❷
오스 힐만 지음 | 김현경 옮김 | 1권 404면, 2권 344면 | 각권 값 11,000원

하루를 시작할 때 하나님을 가장 먼저 만나야 한다는 사실에 이의를 제기할 사람은 아무도 없을 것이다. 하지만 이러한 인식이 단 몇 분이라도 현실로 나타날 수 있을까?? 우리 인생에서 하나님을 항상 우선 순위에 두는 것은 쉽지 않아 보인다. 우리의 일터에서 하나님을 찾을 수 있는가? 오스 힐만은 이러한 상황과 필요에 정확히 읽고 이 글을 집필했다. 그는 하나님의 관점으로 삶과 일을 바라볼 수 있는 눈을 제시한다. 그리고 우리의 믿음과 용기를 고무시켜 하나님을 바라보는 것뿐만 아니라 매일의 삶 속에서 겪는 시험과 고민들 가운데 하나님을 초청하고 있다.

예언의 비밀
킴 클레멘트 지음 | 김현경 옮김 | 312면 | 값 13,000원

킴 클레멘트의 개인적인 삶과 예언 사역으로 부르심을 받은 이야기는 놀라움으로 가득하다. 하나님의 분명하고 확실한 음성을 들으려 하는 모든 이들에게 필요한 비밀 같은 이야기이다. 침례를 받던 당시 물에서 올라 오면서 새로운 사람이 된 킴을 하나님은 전임 사역자로 부르셨다. 그 날 이후로 하나님은 예언의 은사를 어떻게 사용해야 하는지 가르치기 시작하셨다.
이 책에서 다루는 예언의 영역 안에 있는 실제적인 진리들은 선지자라 불리는 한 사람을 통해 발견될 것이다.

긍휼
짐 W. & 미갈 앤 골 지음 | 홍경주 옮김 | 304면 | 값 13,000원

예수님은 행하신 모든 일들과 만지신 모든 사람들을 통해 긍휼을 드러내셨다. 예수님은 긍휼로 사셨으며 긍휼로 숨쉬셨다. 그분은 어제도 긍휼이셨고 오늘도 긍휼이시다. 하나님께서 모든 긍휼사역의 근원이시듯 당신은 긍휼의 마음이 하나님의 끝없는 사랑의 그림자임을 알게 될 것이다. 상한 세상 속에서 수백만의 사람들을 섬기며 하나님의 도구로 살았던 아홉 명의 긍휼한 여인들을 통해, 당신은 긍휼의 선구자가 될 수 있는 영감과 격려를 받을 것이다.

역사를 창조하는 기도
더취 쉬츠 & 윌리엄 포드 3세 지음 | 임종원 옮김 | 344면 | 값 13,000원

하나님께서는 과거에 행하셨던 강력하고도 시대를 초월하는 일들에 연결되어 미래를 열어가기 위한 권능을 우리가 부여받을 수 있기를 원하신다. 더취 쉬츠와 윌리엄 포드 3세는 우리가 성경에 나오는 믿음의 조상들을 바라보아야 하는 이유와 하나님께서 그 사람들과 맺었던 언약들을 갱신하시도록 기도해야 하는 이유를 밝히 드러내고 있다. 우리 기도와 우리 조상들의 기도를 결합시킴으로써 나타나는 이와 같은 상승 작용은 우리 자신과 각 나라와 전 세계를 향한 하나님의 궁극적인 목적이 이루어지는 방향으로 훨씬 더 강력하게 나아가도록 우리를 몰아간다.

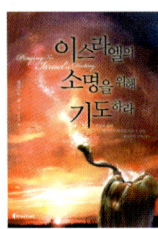

이스라엘의 소명을 위해 기도하라
짐 골 지음 | 권지영 옮김 | 256면 | 값 11,000원

당신의 기도는 하나님의 예언적 일정표에 영향을 준다!
하나님의 예언의 달력에서 이미 페이지는 넘겨졌다. 하나님께서 다시 한 번 시간과 공간의
세계를 넘어 우리에게로 걸어들어 오실 신비의 날이 다가오고 있다.
이 예언의 성취를 위한 열쇠는 무엇인가? 해답은 이스라엘이다.
이스라엘의 소명에 대한 논쟁은 이 땅의 모든 나라들에 영향을 준다.